Cultures & Conflits
n° 130 - été 2023

Engagements au travail et capitalisme transnational

AF744970

Les textes récents de la revue sont accessibles sur :
www.cairn.info/revue-cultures-et-conflits.htm
www.jstor.org/journal/culturesconflits

Actualité de la revue, colloques, séminaires, résumés des articles (français/anglais) et tous les anciens articles publiés sur :
www.conflits.org
Résumés en anglais également disponibles sur :
www.ciaonet.org

Indexé dans *Cambridge Sociological Abstracts*, *International Political Science Abstracts*, PAIS, *Political Sciences Abstracts*, *Linguistics & Language Behavior Abstracts*.

Cultures & Conflits

n° 130 - été 2023

ENGAGEMENTS AU TRAVAIL ET CAPITALISME TRANSNATIONAL

Ce numéro a bénéficié du soutien de l'Institut des Sciences sociales du Politique (UMR CNRS 7720)

Cultures & Conflits

n° 130 - été 2023

Directeur de publication : Emmanuel-Pierre Guittet

Rédacteurs en chef : Didier Bigo (Sciences Po Paris & King's College London), Laurent Bonelli (Université Paris Nanterre)

Numéro sous la responsabilité scientifique de : Pierre Rouxel, Karel Yon

Secrétariat de rédaction : Antonia Garcia Castro, Karel Yon

Ont participé à ce numéro : Malvina Adorno, Clément Beunas, Colombe Camus, Agathe Fautras, Shoshana Fine, Anastassia Tsoukala, Corentin Sire

Comité de rédaction : Rita Abrahamsen (Université d'Ottawa), David Ambrosetti (Centre français des études éthiopiennes – CFEE), Anthony Amicelle (Université de Bordeaux), Tugba Basaran (University of Cambridge), Marc Bernardot (Aix-Marseille Université, directeur du Mesopolhis), Yves Buchet de Neuilly (Université Paris 1 Panthéon-Sorbonne), Fabien Carrié (Université Paris-Est Créteil), Anne Charbord (Sciences Po Paris), Pierre-Antoine Chardel (Université Paris Descartes), Antonin Cohen (Université Paris-Nanterre), Karine Côté-Boucher (Université de Montréal), Anne-Marie d'Aoust (Université du Québec à Montréal), Mathilde Darley (CNRS-CESDIP), Stephan Davishofer (Université de Genève), Marielle Debos (Université Paris Nanterre), Mathias Delori (Université de Bordeaux), Yves Dezalay (EHESS), Gülçin Erdi Lelandais (Université de Tours), Gilles Favarel-Garrigues (CNRS-CERI, Sciences Po), Michel Galy (journaliste, EHESS), Didier Georgakakis (Université Paris 1), David Grondin (Université d'Ottawa), Elspeth Guild (Queen Mary University of London), Virginie Guiraudon (CEE, Sciences Po Paris), Emmanuel-Pierre Guittet (Université Catholique de Louvain), Abdellali Hajjat (Université Libre de Bruxelles), Jean-Paul Hanon (École de Coëtquidan), Fabienne Hara (Sciences Po Paris), Daniel Hermant, Jef Huysmans (Queen Mary University of London), Julien Jeandesboz (Université Libre de Bruxelles), Bernard Lacroix (Université Paris Nanterre), Frédéric Lebaron (Université Versailles Saint Quentin), Thomas Lindemann (Université Versailles Saint Quentin), Chowra Makarémi (CNRS-IRIS), Antoine Mégie (Université de Rouen), Valsamis Mitsilegas (University of Liverpool), Jacqueline Montain-Domenach (Université Paris Nanterre), Christian Olsson (Université libre de Bruxelles, REPI), Benoît Pelopidas (CERI, Sciences Po Paris), Michel Peraldi (EHESS, IRIS Marseille), Angelina Peralva (EHESS, LISST Toulouse), Gabriel Périès (Mines Télécom), Pierre Piazza (Université de Cergy-Pontoise), Julien Pomarède (Université libre de Bruxelles), Nora El Qadim (Université Paris 8), Francesco Ragazzi (Université de Leiden), Grégory Salle (CNRS-CLERSÉ), Amandine Scherrer (CCLS), Éric Soriano (Université Paul Valéry, Montpellier), Samuel Tanner (Université de Montréal), Anastassia Tsoukala (Université Paris Sud), Nader Vahabi (EHESS), Jérôme Valluy (Université Paris 1), Chloé Vlassopoulou (Université d'Amiens), Christophe Wasinski (Université Libre de Bruxelles), R.B.J. Walker (Université de Victoria), Michael C. Williams (Université d'Ottawa)

Équipe éditoriale : Malvina Adorno, Monique J. Beerli, Clément Beunas, Colombe Camus, Costa (Konstantinos) Delimitsos, Agathe Fautras, Shoshana Fine, Laura Monfleur, Elwis Potier, Corentin Sire, Piero Tellerías

Rubrique « Chronique bibliographique » sous la responsabilité de Fabien Carrié et Julien Pomarède

Les biographies complètes de chacun des membres de la revue sont disponibles sur nos sites internet : www.conflits.org / www.cecls.eu

Webmaster : Karel Yon

Manuscrits à envoyer à : Cultures & Conflits - bureau F515, UFR DSP, Université Paris Nanterre, 92001 Nanterre cedex - redactionagc@gmail.com

Les opinions exprimées dans les articles publiés n'engagent que la responsabilité de leurs auteurs.

Illustration de couverture : photo de Jordan Whitfield sur Unsplash

© Cultures & Conflits / L'Harmattan, décembre 2023 – ISBN : 978-2-336-43697-5

SOMMAIRE / ENGAGEMENTS AU TRAVAIL ET CAPITALISME TRANSNATIONAL

Engagements au travail et capitalisme transnational

Introduction

Pierre ROUXEL, Karel YON

Pierre Rouxel est maître de conférences en science politique à l'Université Rennes 2 et membre du laboratoire Arènes. Ses recherches portent principalement sur les dynamiques d'engagement et de participation dans les mondes du travail en France, en Argentine et au Mexique.

Karel Yon est chargé de recherche en sociologie au laboratoire IDHES (Université Paris-Nanterre, CNRS). Ses travaux portent sur le syndicalisme, les politiques du travail et la démocratie sociale en France, aux États-Unis et au Mexique.

Dunlop, Unilever, Shell : l'existence de grandes firmes transnationales est un phénomène ancien, consubstantiel au développement-même du capitalisme et à sa globalisation [1]. Au cours du long XXe siècle, la trajectoire de ces firmes s'était en quelque sorte « nationalisée », sous l'effet de l'affirmation des États-nations, de leurs politiques macroéconomiques et de leur rôle dans la production de normes de travail et d'emploi, parallèlement à l'affirmation de grandes entreprises publiques nationales dans les domaines du transport, de l'énergie, des télécommunications ou de l'armement [2]. L'institutionnalisation des systèmes de relations professionnelles a participé de cette inscription nationale des firmes transnationales, contribuant à « l'encastrement » du marché dans les institutions sociales [3]. Selon des formes variables et plus ou moins développées d'un pays et d'un continent à l'autre, un ensemble de droits et d'instances de représentation et de participation des travailleurs ont progressivement été mis en place, doublant la relation *contractuelle* d'emploi, d'ordre privé, d'un ensemble de droits *statutaires* garantis par la puissance publique [4].

1. Jones G., *Multinationals and Global Capitalism: From the Nineteenth to the Twenty-first Century*, Oxford, New York, Oxford University Press, 2005.
2. Millward R., "Business and the State", in Jones G., Zeitlin J. (eds.), *The Oxford Handbook of Business History*, Oxford, Oxford University Press, 2007, pp. 529-557.
3. Polanyi K., *La Grande Transformation. Aux origines politiques et économiques de notre temps*, Paris, Gallimard, 1983 (1944).

La reconnaissance de la liberté d'association et du syndicalisme, du droit de grève et de la négociation collective a ainsi transcrit à l'intérieur des entreprises une « citoyenneté industrielle » reprenant les formes institutionnelles de l'État [5], et impliquant « la reconnaissance du travailleur comme porteur de droits, d'une part, et la reconnaissance de l'industrie et de l'économie comme des sphères d'intérêt public et de gouvernement démocratique, d'autre part [6] ». La littérature traditionnelle sur la démocratie industrielle a vu dans ces dispositifs de citoyenneté au travail un puissant mécanisme d'intégration à la communauté politique [7] : « cela a alimenté un sens de la justice et de la citoyenneté dans et au travail qui, à travers le lien entre syndicats et partis sociaux-démocrates, a indirectement servi à renforcer la participation et la confiance dans la démocratie politique [8] ».

Les firmes transnationales et le néolibéralisme : un nouveau « despotisme hégémonique » ?

Dans cette perspective, le phénomène majeur des dernières décennies est peut-être moins celui de la progression du nombre, de la taille et des profits des firmes transnationales, que celui de leur capacité à peser sur, voire à s'affranchir des cadres juridiques établis par les États-nations et à s'imposer comme des puissances régulatrices autonomes, faisant de la firme globale l'acteur central de la « post-démocratie [9] ». De nombreux travaux sur le pouvoir des entreprises (*corporate power*) mettent l'accent sur les prétentions hégémoniques des grandes firmes, en raison notamment de leur influence grandissante auprès des autorités publiques [10]. Une synthèse récente met en avant la dualité de ce phénomène : d'une part, le pouvoir des entreprises est devenu « invasif »

4. Dukes R., Streeck W., *Democracy at Work. Contract, Status and Post-Industrial Justice*, Cambridge et Hoboken, Polity, 2023. Pour le cas de l'Amérique Latine, voir par exemple Collier R. B., Collier D., *Shaping the Political Arena: Critical Junctures, the Labor Movement, and Regime Dynamics in Latin America*, Princeton, Princeton University Press, 1991.
5. Selznick P., *Law, Justice and Industrial Order*, New York, Russell Sage Foundation, 1969 ; Burawoy M., *Produire le consentement*, Montreuil, la Ville brûle, 2015 (1979) ; Coutu M., Murray G. (dir.), *Travail et citoyenneté. Quel avenir ?*, Québec, Presses de l'Université de Laval, 2010.
6. Dukes R., Streeck W., *op. cit.*, p. 8 (notre traduction).
7. Webb S., Webb B., *Industrial Democracy*, Londres, Longmans, Green and Co, 1897 ; Marshall T. H., *Citizenship and Social Class*, Londres, Pluto Press, 1992 (1950) ; Mann M., "Ruling Class Strategies and Citizenship", *Sociology*, vol. 21, n°3, 1987, pp. 339-354.
8. Dukes R., Streeck W., *op. cit.*, p. 9 (notre traduction).
9. Crouch C., *Post-démocratie*, Zurich, Diaphanes, 2013 (2004).
10. Arato J., "Corporations as Lawmakers", *Harvard International Law Journal*, vol. 56, n°2, 2015, pp. 229-295 ; Culpepper P., *Quiet Politics and Business Power: Corporate Control in Europe and Japan*, Cambridge, Cambridge University Press, 2011 ; Laurens S., *Les courtiers du capitalisme: milieux d'affaires et bureaucrates à Bruxelles*, Marseille, Agone, 2015 ; Rea C., Walker E., "The Political Mobilization of Firms and Industries", *Annual Review of Sociology*, vol. 40, n°1, 2014, pp. 281-304 ; Wilks S., *The Political Power of the Business Corporation*, Cheltenham, Edward Elgar Publishing, 2013 ; Milker J., *The Political Power of Global Corporations*, Cambridge et Medford, Polity Press, 2018.

(*pervasive*), au sens où il a acquis un caractère diffus et généralisé et se déploie à la fois aux niveaux macro et micro ; d'autre part, il conforte l'autorité de l'entreprise (*corporate authority*), entendue comme « la légitimité politique et sociale croissante des entreprises, imposant des ordres matériels et normatifs spécifiques qui entrent en concurrence ou s'hybrident avec ceux des États [11] ».

Derrière un discours de promotion des marchés et du libre-échange, le néolibéralisme se traduit ainsi par un renforcement du pouvoir et des droits des entreprises qui s'opère au détriment de ceux des individus [12]. Ce constat s'applique tout particulièrement dans la sphère professionnelle. La capacité des grandes entreprises à imposer leurs propres normes s'accompagne d'un recul, impulsé par les acteurs étatiques eux-mêmes, des régulations publiques qui garantissent les droits des personnes au travail. Les réformes du marché du travail engagées ces dernières décennies ont généralement eu pour conséquence de fragiliser les institutions de la citoyenneté salariale, que ce soit directement (encadrement du droit de grève, restriction des libertés syndicales) ou indirectement (flexibilisation des statuts d'emploi, démantèlement des collectifs de travail, nouveaux statuts d'activité hors de l'emploi salarié [13]). La littérature située au croisement des relations industrielles et de l'économie politique internationale a d'ailleurs bien souligné cette « convergence néolibérale » se traduisant partout par un recul du taux de syndicalisation et de la conflictualité au travail et par une dynamique de restauration du pouvoir patronal [14], dont nombre de pays du Sud et notamment d'Amérique latine ont constitué une pointe avancée dès les années 1970 [15]. Aujourd'hui, l'émergence d'un « capitalisme de plateforme [16] » apparaît comme une nouvelle étape dans ce processus de remise en cause des institutions liées au capitalisme industriel et au rapport salarial fordiste, les entreprises de plateforme privilégiant le recours à des formes d'« infra-emploi » dépourvues d'instances de représentation collective et reportant la majeure partie des risques liés au travail sur les travailleurs eux-mêmes [17].

---

11. Angeli Aguiton S., Déplaude M-O., Jas N., Henry E., Thomas V., *Pervasive Powers. The Politics of Corporate Authority*, Londres et New York, Routledge, 2022, pp. 9-10 (notre traduction).
12. Hathaway T., "Neoliberalism as Corporate Power", *Competition & Change*, 2020, vol. 24, n°3-4, 2020, pp. 315-337 ; Winkler A., "The Rise of Corporate Rights in the United States", *Entreprises et histoire*, vol. 104, n°3, 2021, pp. 45-54.
13. Fretel A., « Réformes du marché du travail : que disent les "exemples" étrangers ? », *Chronique Internationale de l'IRES*, vol. 155, n°3, 2016, pp. 3-25.
14. Baccaro L., Howell C., *Trajectories of Neoliberal Transformation: European Industrial Relations Since the 1970s*, Cambridge, Cambridge University Press, 2017.
15. Thomas F., « Les syndicats du Sud face au dérèglement néolibéral », *Alternatives Sud*, vol. 21, n°4, 2014, pp. 7-26.
16. Srnicek N., *Platform Capitalism*, Cambridge et Maden, Wiley, 2017.
17. Dufresne A., « La bataille des statuts. Les dessous de la loi européenne pour les travailleurs de plateforme », *Salariat*, vol. 1, n°1, 2022, pp. 57-85. Sur les effets du « modèle Amazon » en matière de dégradation des conditions de travail et d'affaiblissement du pouvoir syndical, voir Alimahomed-Wilson J., « La révolution de la e-logistique. E-commerce, travail et retransformation de la chaîne d'approvisionnement de la Californie du Sud », *Travail et emploi*, vol. 162, n°3, 2020, pp. 103-126.

Confortée par une « classe capitaliste transnationale [18] » présentant les entreprises comme des acteurs au service de la société dans son ensemble, cette toute-puissance du capital a longtemps été symbolisée par le rayonnement de grandes firmes venues des États-Unis. Susan Strange, qui fut parmi les premières à attirer l'attention de la recherche en relations internationales sur le pouvoir croissant des « multinationales » face aux États, rappelle d'ailleurs l'anecdote selon laquelle ce terme aurait été forgé par le département des relations publiques d'IBM pour faire oublier qu'il s'agissait d'une entreprise étasunienne [19]. McDonald's, Walmart et Amazon représentent trois générations de ces firmes globalisées combinant la réactivation de modes de gestion paternaliste des relations de travail avec une hostilité très forte au syndicalisme, accusé de ne représenter que des intérêts privés et catégoriels [20]. L'entretien que nous accordent dans ce dossier Tamara Lee et Maite Tapia, qui ont coordonné une recherche sur les relations de travail à Amazon aux États-Unis, en donne une illustration, notamment lorsqu'elles évoquent le cas de Bessemer, une ville du sud des États-Unis que l'implantation d'Amazon a transformée en une sorte de « *company town* » moderne [21].

Ce renforcement de la domination patronale engagé à la faveur du « tournant néolibéral » a ainsi pu être interprété par certains comme le triomphe global d'un nouveau « despotisme hégémonique [22] » faisant la part belle au capital financier, au point que les résistances s'appuieraient désormais non « pas tant sur la production et l'exploitation (qui est en train de devenir un privilège dans le monde moderne) que sur l'expérience du marché et de la marchandisation (consumérisme [23]) ». Elles revêtent souvent une forte tonalité environnementaliste et se développent notamment en réaction à l'essor d'un nouveau capitalisme extractiviste [24]. Mais elles peuvent aussi porter sur les conséquences économiques et sociales de la domination des grandes entreprises, qu'il s'agisse de

18. Sklair L., "The Transnational Capitalist Class and Global Capitalism: the Case of the Tobacco Industry", *Political Power and Social Theory*, vol. 12, 1998, pp. 3-43.
19. Strange S., *The Retreat of the State. The Diffusion of Power in the World Economy*, Cambridge, Cambridge University Press, 1996, p. XIII.
20. Royle T., Towers B. (eds.), *Labour Relations in the Global Fast-Food Industry*, Londres et New York, Routledge, 2002 ; Lichtenstein N. (ed.), *Walmart, the Face of Twenty-first Century Capitalism*, New York, The New Press, 2006 ; Alimahomed J., Reese E. (eds.), *The Cost of Free Shipping. Amazon in the Global Economy*, Londres, Pluto Press, 2020.
21. Bessemer a été le théâtre, au printemps 2021, d'une tentative d'implantation syndicale qui a été mise en échec par la direction de l'entreprise. *Cf.* Mometti F., « Amazon aux États-Unis : de la défaite de Bessemer à la création d'un syndicat auto-organisé à New York », *Mouvements*, vol. 110-111, n°2-3, 2022, pp. 98-108.
22. Burawoy M., *The Politics of Production*, Londres, Verso, 1985.
23. Burawoy M., « *Manufacturing consent* revisité », *La Nouvelle revue du travail* [en ligne], n°1, 2012 (2004). Pour un survol de la littérature consacrée aux rapports entre marchés et mouvements sociaux, *cf.* Bereni L., Dubuisson-Quellier S., « Au-delà de la confrontation : saisir la diversité des interactions entre mondes militants et mondes économiques », *Revue française de sociologie*, vol. 61, n°4, 2020, pp. 505-529.
24. Allain M., Maillet A., « Les mobilisations autour de l'extractivisme. Circulation et potentiel heuristique d'un concept en voie de globalisation », *Revue internationale de politique comparée*, vol. 28, n°3-4, 2021, pp. 7-29.

l'endettement massif des populations victimes des montages financiers des grandes banques [25], ou des effets sur les salaires et les conditions de travail, au Nord comme au Sud, de l'internationalisation des chaînes de valeur [26].

Pluralité des régimes de mobilisation et de contrôle du travail

Les analyses mettant l'accent sur la toute-puissance des firmes transnationales et la confrontation entre marchés et mouvements sociaux tendent parfois à conforter l'image de « colosses anonymes et invincibles [27] » écrasant toute forme de résistance au travail. La situation est en réalité plus contrastée. Si la tendance lourde est au déclin de la conflictualité salariale dans les pays du Nord, qui combine un déclin statistique des grèves « économiques » et une mise en échec des grèves « politiques [28] », ce constat ne saurait faire oublier la persistance de formes de protestation diverses à l'échelle globale. Les études menées dans le champ des « *new global labor studies* » pointent l'essor dans les pays du Sud d'une nouvelle « classe ouvrière globale [29] » qui, en Inde [30] ou en Chine [31] notamment, se manifeste au travers de puissants mouvements de grève [32]. De nombreux travaux fleurissent également à propos de la conflictualité dans le secteur de la logistique, devenu un rouage essentiel du capitalisme globalisé [33]. À l'occasion de la crise sanitaire et de la poussée de l'inflation, des grèves emblématiques ont par ailleurs secoué les pays occidentaux, débouchant par exemple sur la première campagne victorieuse de syndicalisation d'un entrepôt Amazon à New York, au lendemain de la pandémie [34]. Plus récemment, le mouvement de grève coordonné par le syndicat UAW dans

25. Ravelli Q., « Les limbes de la dette. Crise économique et mouvements sociaux : des banquiers de Wall Street aux militants espagnols », *Revue française de sociologie*, vol. 61, n°4, 2020, pp. 641-671.
26. Balsiger P., *The Fight for Ethical Fashion: The Origins and Interactions of the Clean Clothes Campaign*, Aldershot, Ashgate Publishing, 2014.
27. « Syndicalisme transnational : s'organiser face aux multinationales (Éditorial) », *Mouvements*, n°95, 2018, p. 8.
28. Gall G., "Quiescence Continued? Recent Strike Activity in Nine Western European Economies", *Economic and Industrial Democracy*, vol. 34, n°4, 2013, pp. 667-691 ; Kelly J., Hamann K., Johnston A., "Unions Against Governments: Explaining General Strikes in Western Europe, 1980-2006", *Comparative Political Studies*, vol. 46, n°9, 2013, pp. 1030-1057.
29. Ness I., *Southern Insurgency. The Coming of the Global Working Class*, Londres, Pluto Press, 2016.
30. Cessou A., « À l'ombre de "la plus grande grève de l'histoire" », *Mouvements*, vol. 103, n°3, 2020, pp. 91-100.
31. Laurent M., « Les grèves en Chine : les révoltes dans l'usine du monde », *Mouvements*, vol. 103, n°3, 2020, pp. 101-110.
32. Atzeni M., Ness I. (eds.), *Global Perspectives on Workers' and Labour Organizations*, Singapour, Springer, 2018. Sur la dynamique globale des mobilisations ouvrières, voir Silver B. J., *Forces of Labor: Worker's Movements and Globalization since 1870*, Cambridge, Cambridge University Press, 2003.
33. Benvegnù C., Gaborieau D. (dir.), « Les mondes logistiques. De l'analyse globale des flux à l'analyse située des pratiques de travail et d'emploi », *Travail et Emploi*, vol. 162, n°3, 2020.
34. Kochan T. A. et al., "An Overview of US Workers' Current Organizing Efforts and Collective Actions", *Work and Occupations*, vol. 50, n°3, 2023, pp. 335-350.

l'industrie automobile étasunienne témoigne d'un renouveau de l'inventivité syndicale [35]. Ainsi, la conflictualité dans les pays du Nord ne se réduit pas à des réactions défensives contre la délocalisation du travail, même si ces grèves continuent de fournir un contingent important des mobilisations au travail, notamment dans le secteur industriel [36].

Loin de se cantonner à la sphère de la consommation, les mobilisations dans celle de la production restent donc un fait social de première importance, y compris dans les secteurs qui échappent aux formes de la relation d'emploi traditionnelle, héritée du capitalisme industriel. Les entreprises de plateforme sont le terrain de nombreuses enquêtes qui s'interrogent par exemple sur l'émergence d'un « opéraïsme digital [37] », en mettant au cœur de leur analyse le pouvoir d'agir des travailleurs. Ces travaux montrent que la technologie est à la fois utilisée contre les travailleurs et appropriée par eux, contribuant de la sorte à redéfinir autant la coercition au travail que les formes de résistance à celle-ci, dans une sorte de « technopolitique par en bas [38] ». L'Organisation internationale du travail relève d'ailleurs les tendances qui témoignent de cette recomposition des résistances au travail : si la croissance globale du nombre de syndiqués ne suit pas celle des actifs (ce qui induit une baisse du taux de syndicalisation dans le monde, de 12,3 % en 2008 à 11,2 % en 2019), la syndicalisation est tirée par le développement des organisations de travailleurs à leur propre compte [39]. De même, dans la répartition globale des effectifs syndiqués, le poids de l'Afrique et de l'Asie-Pacifique augmente (passant respectivement de 7 à 10 % et de 28,8 à 36,5 % entre 2008 et 2019), au détriment des anciens bastions d'Europe et des Amériques : désormais, près d'un syndiqué sur deux provient du Sud global [40].

Outre les résistances au travail, d'autres dimensions contrarient la tendance au « despotisme hégémonique », à commencer par la prise en compte des configurations institutionnelles et politiques propres aux territoires dans

35. Ross S., "The UAW Decided to Use a Novel Strike Strategy. It's Working", *Jacobin* (en ligne, consulté le 10 octobre 2023).
36. Collectif du 9 août, *Quand ils ont fermé l'usine. Lutter contre la délocalisation dans une économie globalisée*, Marseille, Agone, 2017.
37. Englert S., Woodcock J., Cant C., "Digital Workerism: Technology, Platforms, and the Circulation of Workers' Struggles", *tripleC: Communication, Capitalism & Critique*, vol. 18, n°1, 2020, pp. 132-145. Voir aussi Benvegnù C., Cuppini N., Frapporti M., Milesi F., Pirone M., "Platform Battlefield: Digital Infrastructures in Capitalism 4.0", *The South Atlantic Quarterly*, vol. 120, n°4, 2021, pp. 689-702.
38. Schaupp S., "Technopolitics from Below: A Framework for the Analysis of Digital Politics of Production", *Nanoethics*, n°15, 2021, pp. 71-86.
39. La syndicalisation des travailleurs indépendants a crû de 176,9 % pendant cette période alors que celle des salariés diminuait de 0,8 %. Le taux de syndicalisation chez les travailleurs à leur propre compte reste cependant modeste, passant de 0,9 à 2,2 %, tandis que le pourcentage de travailleurs salariés syndiqués dans le monde est passé de 20 à 16,8 % entre 2008 et 2019. *Cf.* Organisation Internationale du Travail, *Rapport sur le dialogue social 2022*, Genève, OIT, 2022, p. 128.
40. *Ibid.*, p. 129.

lesquels les grandes entreprises s'inscrivent. Ainsi du capitalisme marchand dans l'ex-bloc soviétique : loin de se traduire par l'atomisation et la précarisation généralisée du travail, la privatisation des anciennes industries d'État et leur insertion dans les réseaux du capitalisme global, comme dans le bassin sidérurgique ukrainien, reconduit localement une économie morale du paternalisme industriel au sein de laquelle les syndicats occupent toujours une place centrale [41]. Même les firmes porteuses d'un discours ouvertement antisyndical n'échappent pas à ce schéma qui les conduit à reconnaître la légitimité d'une représentation du personnel, que ce soit comme une condition d'entrée fixée par les pouvoirs publics ou par obligation de se conformer aux lois du pays d'accueil [42]. Étudiant l'implantation de Walmart dans six pays d'Asie, d'Afrique et d'Amérique latine, des chercheuses et chercheurs s'interrogent : « comment se fait-il que l'entreprise la plus antisyndicale du monde ait dû accepter les syndicats partout à l'exception des États-Unis et du Canada ? La réponse la plus évidente est que le droit du travail compte [*labor laws matter* [43]] ». Ce constat n'est pas isolé. Maurizio Atzeni fait des observations similaires dans l'entretien qu'il nous accorde. Sur la base de ses travaux avec Bridget Kenny sur Mercado Libre [44], « l'Amazon latino-américain », il évoque la manière dont l'entreprise est amenée à composer avec un droit du travail qui favorise une présence syndicale et revient sur sa stratégie consistant à promouvoir le dialogue avec un petit syndicat jugé inoffensif pour éviter que le plus revendicatif syndicat des *camioneros* pénètre l'entreprise. Des constats proches ont été faits sur le terrain de ces grandes firmes étasuniennes que nous évoquions plus haut : tant McDonald's qu'Amazon ont dû se résoudre à accepter la présence d'organisations syndicales, ce qui bien sûr n'exclut pas que ces entreprises se conforment aux normes juridiques et politiques locales pour jouer avec et mieux les déjouer [45]. Francesco Massimo analyse par exemple le cas d'Amazon qui, en France et en Italie, a dû concéder la reconnaissance des organisations syndicales, sous la pression des pouvoirs publics et du contentieux juridique mobilisé par les syndicalistes, tout en précisant que les syndicats sont tenus à l'écart de l'organisation du travail et ne représentent que les fractions les plus stables des travailleurs [46].

---

41. Gorbach D., « Hégémonie industrielle et économie morale dans une ville sidérurgique ukrainienne », *Politix*, vol. 132, n°4, 2020, pp. 49-72.
42. Rouxel P., *Le syndicalisme en restructurations. Engagements et pratiques de délégués d'entreprises multinationales en Argentine et en France*, Paris, L'Harmattan, 2022.
43. Bank Muñoz C., Kenny B., Stecher A., "Situating Walmart in a Global Context: Workplace Cultures, Labor Organizing, and Supply Chains", in Bank Muñoz C., Kenny B., Stecher A. (eds.), *Walmart in the Global South. Workplace Culture, Labor Politics, and Supply Chains*, Austin, University of Texas Press, 2018, p. 14.
44. Atzeni M., Kenny B., "The Labour Process and Workers' Rights at Mercado Libre: Hiding Exploitation Through Regulation in the Digital Economy", *Future of Work(ers) SCIS Working Paper*, Southern Centre for Inequality Studies, Wits University, 2021.
45. Royle T., "Just Vote No! Union-busting in the European Fast-Food Industry: the Case of McDonald's", *Industrial Relations Journal*, vol. 33, n°3, 2002, pp. 262-278.
46. Massimo F., "A Struggle for Bodies and Souls: Amazon Management and Union Strategies in France and Italy", in Alimahomed J., Reese E. (*eds.*), *The Cost of Free Shipping…*, *op. cit.*,

Dans le même temps, d'autres grandes entreprises, notamment en Europe occidentale et en France en particulier, s'érigent en contre-modèles. Prétendant incarner un nouveau capitalisme « moral » soucieux de réconcilier profit et vertu [47], ces firmes mettent en avant leurs initiatives en matière de « responsabilité sociale et environnementale [48] » (RSE), incluant notamment la pratique d'un dialogue social global avec les syndicats de travailleurs [49]. L'émergence de ces contre-modèles est indissociable du processus « d'externalisation des illégalités [50] » qui se niche au cœur de la nouvelle division internationale du travail : depuis les années 1970, l'externalisation des activités productives vers des pays du Sud à l'abondante main d'œuvre « bon marché » et aux régulations du travail erratiques a largement reporté les risques judiciaires et réputationnels sur les sous-traitants des firmes transnationales. À cet égard, l'essor des politiques de RSE s'analyse en partie comme une réponse aux critiques de la société civile et plus particulièrement des mouvements de consommateurs réclamant « de l'éthique sur l'étiquette [51] » mais aussi comme le résultat de mobilisations syndicales dans les usines et ateliers du sud inscrits dans ces nouvelles chaînes globales de valeur [52]. Elle découle également de l'évolution des régulations publiques, qui font désormais la part belle aux appels à la « vertu » des acteurs privés [53], sans toujours renoncer à des normes juridiques plus contraignantes, à l'instar des législations sur le devoir de vigilance des multinationales, un principe récemment transcrit dans le droit en France (2017) et en Allemagne (2021), et sur le point d'être étendu à l'échelle européenne [54].

pp. 129-144. Pour une autre analyse des formes de résistance au travail dans le secteur logistique en France et en Italie, *cf.* Benvegnù C., Tranchant L., « *Warehousing consent* ? Mobilité de la main-d'œuvre et stratégies syndicales au principe d'une conflictualité différenciée dans les entrepôts italiens et français », *Travail et emploi*, vol. 162, n°3, 2020, pp. 47-69.

47. Bosvieux-Onyekwelu C., Boussard V., « Moraliser le capitalisme ou capitaliser sur la morale ? », *Actes de la recherche en sciences sociales*, n°241, 2022, pp. 4-15.
48. Entre autres exemples, voir Bereni L., *Le management de la vertu : la diversité en entreprise à Paris et à New-York*, Paris, Presses de Sciences Po, 2023.
49. Barraud de Lagerie P., Mias A., Phé C., Servel L., « L'accord d'entreprise mondial, instrument de politiques pour les groupes transnationaux », *La Revue de l'Ires*, 2020, vol. 101-102, n°2-3, pp. 127-148.
50. Chauvin S., Jounin N., « L'externalisation des illégalités : ethnographie des usages du travail temporaire à Paris et Chicago », in Fontaine L., Weber F. (dir.), *Les paradoxes de l'économie informelle. A qui profitent les règles ?*, Paris, Karthala, 2011, p. 113-138.
51. Barraud de Lagerie P., *Les patrons de la vertu. De la responsabilité sociale des entreprises au devoir de vigilance*, Rennes, Presses universitaires de Rennes, 2019.
52. Delpech, Q., *Mobilisations syndicales et violences au Sud. Protester dans les usines de la sous-traitance internationale au Guatemala*, Paris, Karthala, 2014.
53. Dubuisson-Quellier S., *Gouverner les conduites*, Paris, Presses de Sciences Po, 2016.
54. La directive sur le devoir de vigilance des entreprises en matière de durabilité a été présentée par la Commission européenne en février 2022, votée par le Parlement en juin 2023 et devait être formellement adoptée en 2024. Sur le cas français, voir le dossier que lui a consacré la revue *Droit et société*, vol. 106, n°3, 2020.

Dès lors, plus qu'un nouvel ordre entrepreneurial despotique, ce sont différents régimes de mobilisation et de contrôle du travail qui coexistent à l'échelle globale, selon les espaces et au sein-même des firmes transnationales [55]. En Argentine, par exemple, les pratiques de gestion des firmes oscillent entre reconnaissance du fait syndical dans les grands établissements industriels d'entreprises latino-américaines ou européennes, et gestion unilatérale dans les établissements de plus petite taille, appartenant le plus souvent à des firmes étasuniennes [56]. Selon les lieux et les secteurs d'activité, les entreprises cherchent en priorité à s'attacher le consentement des travailleurs *via* différentes tentatives d'intégration ou de cooptation, ou optent à l'inverse pour une politique de pure coercition. La diffusion de dispositifs privés de gestion et de contrôle – sous la forme notamment d'audits sociaux [57] – peut dès lors aller de pair avec un recours exacerbé à la coercition, sous des formes étroitement imbriquées avec l'action violente de groupes criminels. Mohamed Slim Ben Youssef en donne un aperçu dans ce numéro en chroniquant le récent livre de Laurent Gayer [58], qu'il met en perspective en croisant sa lecture avec celle d'un volume historique qui documente, au tournant du XIXe siècle, la mobilisation patronale de forces supplétives diverses, publiques et privées, pour faire respecter l'ordre productif [59].

Le *corporate power* ne prospère donc pas sur les décombres du *state power* : il se construit moins contre l'État que *tout contre* lui [60]. Plutôt que de décrire la substitution d'un ordre entrepreneurial despotique à un ordre public plus ou moins démocratique, il semble plus juste de parler d'ordres politiques hybrides dont la caractéristique commune est de brouiller la frontière entre public et privé [61]. La meilleure illustration de ces phénomènes nous est donnée par le capitalisme extractif. À rebours de l'idée d'« enclave » faisant des grandes firmes extractives les architectes d'« exceptions spatiales » coupées des sociétés locales, ces entreprises participent à la construction d'espaces politiques où coexistent, dans une relation d'interdépendance, les autorités de

55. Castree N., Coe N. M., Ward K., Samers M., *Spaces of Work. Global Capitalism and the Geographies of Labour*, Londres, SAGE Publications, 2005, pp. 127-156.
56. Palomino H., Gurrera M., "La adaptación de las firmas multinacionales al sistema de relaciones laborales. La autonomía de las filiales argentinas y la presencia sindical en los lugares de trabajo", in Novick M., Palomino H. (dir.), *Multinacionales en la Argentina. Estrategias de empleo, relaciones laborales y cadenas globales de valor*, Buenos Aires, Ministerio de Trabajo, Empleo y Seguridad Social, 2011, pp. 159-192.
57. Barraud de Lagerie P., *Les patrons de la vertu…*, *op. cit.*
58. Gayer L., *Le capitalisme à main armée. Caïds et patrons à Karachi*, Paris, CNRS Éditions, 2023.
59. Millan M., Saluppo A. (eds.), *Corporate Policing, Yellow Unionism, and Strikebreaking, 1890-1930. In Defence of Freedom*, Londres et New York, Routledge, 2020. Sur l'antisyndicalisme, voir aussi Gall G., Dundon T. (eds.), *Global Anti-Unionism. Nature, Dynamics, Trajectories and Outcomes*, Basingstoke et New York, Palgrave McMillan, 2013.
60. Delpech Q., « L'impunité comme mode d'accumulation économique : relations professionnelles, investissements étrangers et illégalités au Guatemala », *Problèmes d'Amérique Latine*, 2014, vol. 3., n°94, pp. 49-63.
61. « L'entreprise comme acteur politique », *Entreprises et histoire*, vol. 104, n°3, 2021.

l'entreprise, les pouvoirs publics locaux et divers autres acteurs (syndicalistes, représentants associatifs, ethniques ou « autochtones [62] »). Dans des travaux antérieurs à l'article qu'elle publie dans ce dossier, Doris Buu-Sao montre bien, par exemple, à quel point « le capitalisme au village [63] » relève moins de la greffe autoritaire d'un corps étranger sur une communauté locale hostile que d'un *continuum* de coopérations et de résistances, d'expropriations capitalistes et d'appropriations du capitalisme, qui reconfigurent l'expérience des acteurs locaux autant que l'activité des firmes. Si ces travaux soulignent le rôle central des entreprises dans la recomposition des ordres politiques, ils évitent d'en faire un acteur homogène en invitant plutôt à considérer l'entreprise comme un champ de luttes politiques. La prétention patronale à l'hégémonie, avant d'atteindre la société dans son ensemble, doit ainsi commencer par se construire sur le lieu-même du travail [64].

Pour une sociologie politique des engagements au travail

C'est cette ligne de recherche que les contributions rassemblées dans ce dossier entendent prolonger. Dans le sillage de travaux récents sur les politiques du capitalisme extractif [65], sur les « salariats d'en bas » en Afrique [66] et sur les formes plurielles du lien syndical [67], le but de ce dossier est de documenter la diversité des engagements au travail, en se centrant plus spécifiquement sur les firmes transnationales. Il est animé par la conviction qu'on ne peut comprendre la structuration des ordres sociaux et politiques contemporains sans étudier la façon dont les rapports sociaux se construisent au sein des activités de travail, qui occupent la majeure partie du temps de vie consciente des individus. C'est dans ce sens que nous proposons une sociologie politique des engagements au travail, qui s'appuie sur la riche littérature consacrée aux *labor studies* tout en s'en distinguant sous plusieurs aspects.

Dans le champ des études du travail, il existe en effet une littérature déjà ancienne sur les relations professionnelles dans les firmes transnationales. Cependant, celle-ci aborde le plus souvent son objet « par le haut », en partant de dispositifs formalisés de régulation qui reproduisent, sur la scène mondiale, les institutions existant à l'échelle nationale : organisation syndicale, négociation entre « partenaires sociaux » et accords-cadres internationaux [68]. Il en est

---

62. Grajales J., Vadot G., « Entreprises, territoires et pouvoir politique : localiser l'analyse du capitalisme extractif », *Politix*, vol. 33, n°132, 2020, pp. 7-21.
63. Buu-Sao D., *Le capitalisme au village. Pétrole, État et luttes environnementales en Amazonie*, Paris, CNRS Éditions, 2023.
64. Gorbach D., « Hégémonie industrielle et économie morale… », *op. cit.*
65. « Entreprises ancrées, États en jeu ? », *Politix*, n°132, 2020.
66. « Salariats d'en bas », *Cahiers d'études africaines*, vol. 245-246, n°1-2, 2022.
67. « Citoyenneté industrielle et formes du lien syndical », *Critique internationale*, n°87, 2020. Voir aussi Durrenberger E.P., *Uncertain Times. Anthropological Approaches to Labor in a Neoliberal World*, Boulder, University Press of Colorado, 2017.
68. Caire G., *Entreprises multinationales et relations professionnelles*, 2 tomes, Paris, CRESST, 1980 ; Descolonges M., Saincy B. (dir.), *Les nouveaux enjeux de la négociation sociale interna-*

de même des travaux consacrés au syndicalisme transnational, qui mettent souvent l'accent sur des études de cas à vocation exemplaire [69]. Les recherches qui se situent dans le champ de l'économie politique internationale, en réglant la focale sur les firmes transnationales ou les systèmes nationaux de relations professionnelles pris comme un tout, ont tendance à prendre pour objet des institutions qu'elles réifient, sans porter attention aux contradictions et aux conflits qui les traversent. C'est particulièrement net dans la littérature sur les variétés de capitalisme [70] – et par extension, sur les variétés de syndicalisme [71] – qui présume de la fonctionnalité systémique des agencements institutionnels. À l'inverse, les travaux qui s'inscrivent dans le champ des « *new global labour studies* » accordent peu d'importance aux infrastructures de l'action collective. Pointant l'unité d'un phénomène transnational – au moins à l'échelle du « Sud global » – plus qu'ils ne le démontrent empiriquement [72], ces travaux décrivent un contre-mouvement d'opposition à la globalisation néolibérale, qui émergerait à la périphérie ou à l'écart des organisations syndicales traditionnelles, délégitimées et inadaptées à la nouvelle configuration d'un marché du travail segmenté et précarisé. Les approches « par le bas » sont plus fréquentes dans ces travaux qui se revendiquent souvent de la théorie du processus de travail [73]. À ce titre, ils sont attentifs aux formes d'organisation du travail qui sont appréhendées comme la principale variable explicative des mobilisations au travail, en tant qu'elles façonnent les formes de solidarité [74]. Partant du principe que « les conflits et les résistances sont endémiques aux rapports de production capitalistes [75] », ils s'intéressent toutefois peu aux infrastructures normatives et aux processus politiques par lesquels ces résistances prennent forme, négligeant par la même occasion le fait que les engagements au travail, loin de prendre nécessairement une forme antagonique, revêtent parfois les atours du légitimisme [76].

---

tionale, Paris, La Découverte, 2006 ; Ford M., Gillan M., "The Global Union Federations in International Industrial Relations: A Critical Review", *Journal of Industrial Relations*, 2015, vol. 57, n°3, pp. 456-475 ; Bourguignon R., Garaudel P., Porcher S., "Global Framework Agreements and Trade Unions as Monitoring Agents in Transnational Corporations", *Journal of Business Ethics*, vol. 165, n°3, 2020, pp. 517-533.

69. Harrod J., O'Brien R., *Global Unions? Theory and Strategies of Organized Labour in the Global Political Economy*, Londres et New York, Routledge, 2002 ; Fairbrother P., Hennebert M.-A., Lévesque C. (eds.), *Transnational Trade Unionism. Building Union Power*, Londres et New York, Routledge, 2013.
70. Hall P., Soskice D., *Varieties of Capitalism: The Institutional Foundations of Comparative Advantage*, Oxford, Oxford University Press, 2001.
71. Frege C., Kelly J., *Varieties of Unionism: Strategies for Union Revitalization in a Globalizing Economy*, Oxford, Oxford University Press, 2004.
72. Brookes M., McCallum J., "The New Global Labour Studies: A Critical Review", *Global Labour Journal*, vol. 8, n°3, 2017, pp. 201-218.
73. Braverman H., *Travail et capitalisme monopoliste…*, *op. cit.*
74. Atzeni M., *Workplace Conflict. Mobilization and Solidarity in Argentina*, Basingstoke et New York, Palgrave McMillan, 2010.
75. Carbonell J.S., « Harry Braverman et la critique de l'organisation du travail. Préface à l'édition 2023 », in Braverman H., *Travail et capitalisme monopoliste…*, *op. cit.*, p. xxv.
76. Quijoux M., Yon K., « Servir l'entreprise pour mieux défendre les salarié·es ? Les formes plurielles du syndicalisme d'entreprise dans une multinationale d'articles de sport », *Actes de la recherches en sciences sociales*, à paraître.

C'est dans cette perspective que nous nous appuyons sur la notion de « citoyenneté industrielle [77] ». Celle-ci n'est pas comprise comme l'idéal d'un passé industriel révolu évoqué en ouverture de cette introduction, mais comme un concept inductif permettant d'étudier la diversité des processus de subjectivation politique à l'œuvre dans les activités de travail. La citoyenneté industrielle, qu'il faut donc entendre au sens large de citoyenneté au travail, attire l'attention sur « la façon dont les travailleur·ses se constituent en sujets politiques, définissent les droits dont ils et elles se sentent légitimement détenteurs, et délimitent les frontières de la communauté au regard de laquelle ces droits prennent sens [78] ». Elle permet de saisir ensemble les dimensions institutionnelles et processuelles des engagements au travail [79] en portant une égale attention au travail politique de mobilisation [80] et aux architectures matérielles et symboliques, notamment juridiques, qui organisent non seulement les formes de mise au travail mais orientent aussi la formation des identités collectives et des sentiments d'injustice [81].

La perspective d'une sociologie politique des engagements au travail revêt ainsi un double intérêt. Elle permet à la fois de *situer* l'international, en prêtant attention aux singularités, hiérarchies et différenciations internes propres à chaque firme, et de tenir ensemble la *pluralité* des formes d'engagement au travail, en dépassant l'opposition entre le regard désincarné des approches (néo)institutionnalistes et l'attention empirique sélective des approches centrées sur le processus de travail. Analyser la recomposition des formes contemporaines de la citoyenneté au travail s'opère de la sorte au croisement de trois réalités : le procès de travail, les ordres politico-juridiques localisés, les propriétés sociales des salariés. C'est ce sillon que cherche à creuser ce dossier, dont les contributions, adossées pour chacune d'entre elles à un solide travail empirique, permettent de dégager deux fils analytiques.

Premièrement, loin de s'en tenir au constat du démantèlement des formes anciennes de la citoyenneté industrielle, les articles rassemblés dans le dossier donnent plutôt à voir une recomposition des formes d'engagement et de participation au travail. Ils documentent notamment les dynamiques contemporaines de construction par les politiques d'entreprise d'une nouvelle offre de participation au travail, dans laquelle se combinent les institutions traditionnelles de la citoyenneté industrielle (syndicats et mécanismes de représenta-

77. Allal A., Yon K., « Citoyennetés industrielles, (in)soumissions ouvrières et formes du lien syndical : pour une sociologie politique des relations de travail », *Critique internationale*, 2020, vol. 2, no87, pp. 15-32.
78. *Ibid.*, p. 23.
79. Yon K. « Politiser le travail ou l'entreprise ? Trois registres de citoyenneté industrielle », *Sociologie du travail* [En ligne], vol. 64, n°4, 2022, mis en ligne le 1er décembre 2022, consulté le 24 octobre 2023.
80. Giraud B., « Des conflits du travail à la sociologie des mobilisations : les apports d'un décloisonnement empirique et théorique », *Politix*, vol. 86, n°2, 2009, pp. 13-29.
81. Dukes R., Streck W., *Democracy at Work…*, *op. cit.*

tion dérivés du rapport salarial), avec lesquelles les firmes doivent composer, et les dispositifs d'autorégulation et de participation qu'elles mettent en œuvre en leur sein, dans le sillage notamment de la montée en puissance de la RSE. Les contributions éclairent ainsi les variations et les ambivalences des engagements au travail, en fonction des trajectoires des salariés et des contextes sociaux et professionnels dans lesquels ils et elles évoluent. Tout d'abord, l'investissement des dispositifs d'engagement légitimés par les firmes vient parfois consolider chez certains salariés une forme de « citoyenneté d'entreprise », au sens où il s'opère *au nom de* et *pour* l'entreprise et conforte une vision communautaire de celle-ci. C'est ce que montre notre contribution consacrée aux engagements des cadres et employés de Decathlon au Mexique. Mais il est aussi le support de discours et d'expressions plus critiques, qui pointent par exemple les contradictions de la « mine durable », dans le cas de RioTinto en Espagne, étudié par Doris Buu-Sao.

Ensuite, en dépit des stratégies de contournement ou de démobilisation mises en œuvre par les firmes, les formes classiques de la citoyenneté industrielle continuent dans certains cas de constituer un support de luttes et de mobilisations collectives, qui gagnent à être rapportées aux contextes politiques et institutionnels et à la structuration des groupes professionnels. L'article que Bruno Bauraind et Jean Vandewattyne consacrent à Ryanair montre comment les mobilisations qui se construisent en Belgique, jusqu'à la reconnaissance du fait syndical, s'appuient sur les institutions du droit social du pays, en dépit des tentatives de l'entreprise pour y échapper. Le cas des dockers de Gênes, étudié par Julien O'Miel, donne quant à lui à voir comment les firmes transnationales, qui pénètrent les activités portuaires de la ville à la faveur de leur privatisation, doivent composer avec des collectifs ouvriers entretenant, en dépit des transformations de leur travail, une conscience politique et internationaliste aiguë.

Partir des acteurs, de leurs pratiques et des configurations dans lesquelles elles prennent sens permet ainsi de saisir la diversité des formes d'engagement qui naissent dans l'expérience du travail, sans « fétichisme de la forme syndicale [82] », et donc « en ne considérant plus [celle-ci] comme un point de départ mais comme un (possible) point d'arrivée de l'analyse sociologique [83] ». Se dégagent de la sorte différentes figures d'engagement – ou de désengagement – au travail : celle du lanceur d'alerte, qu'investissent les dockers de Gênes, celle du citoyen d'entreprise constitué en modèle professionnel dans le cas de Decathlon, celle du syndicaliste qui se détache de la communauté d'entreprise et s'affirme contre elle, à Ryanair, mais aussi celle du travailleur isolé, précarisé

82. Atzeni M., "Workers' Organizations and the Fetishism of the Trade Union Form: Toward New Pathways for Research on the Labour Movement?", *Globalizations*, 2021, vol. 18, n°8, 2021, pp. 1349-1362.
83. Allal A., Yon K., « Citoyennetés industrielles, (in)soumissions ouvrières et formes du lien syndical... », *op. cit.*, p. 26.

dans le cas de RioTinto, qui envisage plus volontiers de s'engager contre les débordements environnementaux de l'entreprise extractive qu'au sein de celle-ci.

Deuxièmement, dans le sillage des réflexions qui invitent à récuser toute singularité ontologique de « l'international [84] », notre approche invite à ne pas considérer le caractère transnational des firmes et leur insertion sur le marché global des biens et services comme une caractéristique déterminant *a priori* les conduites ou les formes de conscience des acteurs, qu'il s'agisse de contenir leur engagement dans les frontières d'une communauté d'entreprise ou d'y voir le vecteur d'une conscience de classe globale. L'international est appréhendé comme une propriété plus ou moins saillante, qui se manifeste sous des formes diverses et se combine à d'autres formes d'appartenance. Il s'agit dès lors de voir comment les travailleurs bricolent leurs propres formes d'action et/ou s'approprient localement des dispositifs institués d'engagement et de participation tels qu'ils existent au sein de leur entreprise et dans les espaces professionnels où ils évoluent, à la manière dont Anne-Catherine Wagner a pu documenter le bricolage d'un capital militant international par les syndicalistes dans les Comités d'entreprise européens [85].

Chez Ryanair et Decathlon, les dynamiques d'engagement sont ainsi largement façonnées par la structuration transnationale du marché du travail interne. Dans le cas de Ryanair, celui-ci est d'emblée transnational et permet à la firme d'engager une politique de localisation des salariés qui se révèle être à double tranchant : si elle vise à couper les salariés de leur pays d'origine, elle produit en retour des sociabilités nouvelles par le regroupement de salariés déracinés qui forment la base de communautés d'action. Dans le cas de Decathlon, l'accès au marché interne transnational est avant tout réservé aux cadres occidentaux qui ont fait montre de leur appropriation du rôle de « bon decathlonien », engagé dans son travail et pour la société. Au Mexique, ces cadres jouent un rôle décisif dans la valorisation d'une culture des relations de travail propre à l'entreprise et présentée comme diamétralement opposée à celle du pays d'accueil. À cet égard, la politique d'entreprise citoyenne fonctionne comme un dispositif de sélection autant que de socialisation professionnelle des salariés mexicains, en orientant les dispositions à l'engagement dans un sens compatible avec la promotion de la communauté d'entreprise.

A contrario, les articles consacrés aux dockers de Gênes et aux mineurs d'Espagne nous donnent à voir des groupes ouvriers localisés confrontés aux

84. Simeant J. (dir.), *Guide de l'enquête globale en sciences sociales*, Paris, CNRS Éditions, 2015 ; Bonelli L., Jeanpierre L., « L'économie, l'international et la sociologie : combinaisons et variations », *Cultures & Conflits*, n°108, 2017, pp. 7-14.
85. Wagner A.-C., « Syndicalistes européens. Les conditions sociales et institutionnelles de l'internationalisation des militants syndicaux », *Actes de la recherche en sciences sociales*, n°155, 2004, pp. 12-33.

transformations de leurs métiers par les évolutions du capitalisme transnational. Si les deux cas relèvent d'histoires ouvrières fortement politisées, que symbolisent la riche histoire syndicale et les expériences d'appropriation démocratique du travail sous forme d'expériences coopératives, les différences en termes d'héritage et de transmission sont à relier aux trajectoires économiques différenciées des secteurs et à l'inégale stabilité des statuts d'emploi. Du côté de RioTinto, l'affaiblissement syndical consécutif au déclin minier, la sous-traitance en cascade qui caractérise la reprise de la production et les modes de gestion individualisée des travailleurs font obstacle à l'émergence de discours et d'engagements critiques et structurés à l'encontre de la « mine durable ». À Gênes, la relative stabilité professionnelle des dockers étudiés comme leur insertion maintenue dans un dense tissu militant, au travail et en dehors, autorisent des mobilisations plus affirmées autour de la circulation d'armes. Dans ce cas précis, les formes concrètes de l'engagement entretiennent par ailleurs un lien direct avec l'activité : ce n'est pas seulement l'employeur qui est transnational, c'est aussi le travail concret. En effet, la position des ports dans les circuits du capitalisme logistique et la potentielle capacité de blocage de ceux qui y travaillent poussent les dockers génois à étendre leur action au-delà de l'espace portuaire et à s'inscrire dans l'espace transnational des mobilisations antimilitaristes.

Si ce dossier explore, autour de l'enjeu de la citoyenneté dans les firmes transnationales, une thématique peu fréquente dans *Cultures & Conflits*, il le fait en en employant des méthodes d'enquête qui sont les mêmes que celles de la sociologie politique de l'international. De la sorte, il espère contribuer au travail engagé par la revue pour apporter un éclairage original sur les dynamiques de la politique et du conflit dans les espaces internationaux.

« Nous sommes Rio Tinto »
Engagement et encadrement de la main-d'œuvre dans une mine « durable »

Doris BUU-SAO

Doris Buu-Sao est maîtresse de conférences en science politique à l'Université de Lille. Elle a notamment publié Le capitalisme au village : pétrole, État et luttes environnementales en Amazonie *(CNRS Éditions, 2023), ouvrage issu de ses recherches doctorales. Depuis, elle travaille sur les discours et matérialités de la « transition énergétique » à partir d'une ethnographie de la relance de l'extraction de métaux en Andalousie.*

Depuis 2015, la mine historique de Rio Tinto, située en Andalousie, a recommencé à produire du cuivre. Son activité avait cessé en 2001, alors que la géographie minière s'était déplacée vers l'hémisphère sud où l'Amérique latine, suivie de l'Afrique puis de l'Océanie, attiraient désormais la grande majorité des investissements globaux [1]. Rio Tinto est néanmoins redevenue rentable grâce à la hausse des cours du cuivre entretenue par la demande des pays émergents. La relance de l'extraction en Europe est par ailleurs légitimée par les discours sur les besoins en métaux de la transition énergétique [2], et soutenue à ce titre par les pouvoirs publics à l'échelle de l'Union européenne comme de ses régions périphériques [3]. Dans ce contexte, les entreprises minières prétendent être d'incontournables alliées de la lutte contre le changement climatique. Cherchant à se différencier de l'image des mines de charbon

1. En 2001, les trois continents attiraient environ 80 % des flux d'investissement mondiaux dans le secteur minier, contre un peu moins de 60 % dix ans plus tôt : Bridge G., "Mapping the Bonanza. Geographies of Mining Investment in an Era of Neoliberal Reform", *The Professional Geographer*, vol. 56, n°3, 2004, pp. 406-421.
2. Vidal O., Goffé B., Arndt N., "Metals for a Low-Carbon Society", *Nature Geoscience*, vol. 6, n°11, 2013, pp. 894-896.
3. Del Mármol C., Vaccaro I., "New Extractivism in European Rural Areas. How Twentieth First Century Mining Returned to Disturb the Rural Transition", *Geoforum*, vol. 116, 2020, pp. 42-49 ; Buu-Sao D., « Faire advenir la "mine durable" ? Discours institutionnels et impératif de relance minière, de l'Union européenne à l'Andalousie », *Gouvernance*, vol. 18, n°2, 2021, pp. 16-41.

du XIXe siècle, polluantes et dangereuses, elles se présentent désormais comme des entreprises soucieuses de la préservation des écosystèmes, de la prévention des risques professionnels et du développement économique des territoires d'implantation [4].

Les discours de la « mine durable » ont surtout été analysés comme des réactions aux critiques écologistes des pollutions causées par les industries extractives [5], laissant dans l'ombre la question des transformations de l'encadrement de la main-d'œuvre qui les accompagnent [6]. Pourtant, les revendications de durabilité donnent lieu au renforcement des programmes de Responsabilité sociale des entreprises (RSE) [7] par lesquels une entreprise exprime la prétention morale de faire « le bien de ses salariés, de ses "parties prenantes" et plus largement de la société qui l'entoure [8] ». Au-delà de la façade discursive, les programmes de RSE ont des effets pratiques bien réels. La main-d'œuvre est invitée, par différents dispositifs, à s'engager au service d'une mine « durable » au sens où il s'agit d'en limiter l'impact environnemental, d'en garantir la sécurité et la longévité économique. L'objectif est de produire une communauté de travail harmonieuse, à l'image du slogan affiché à l'entrée des installations : « Nous sommes Rio Tinto » (*Somos Rio Tinto*). À l'heure de l'effacement du syndicalisme de lutte, dans quelle mesure la promotion d'une mine durable, sûre et responsable contribue-t-elle à la déconflictualisation des relations professionnelles ? Jusqu'à quel point l'encadrement des formes d'engagement au travail façonne-t-il une adhésion à l'ordre extractif, au sens d'un certain mode de production mais aussi de son impact écologique ?

Ethnographier les promesses de « mine durable » et leur matérialisation

Ces questions sont au cœur d'une enquête ethnographique menée entre 2018 et 2023 sur la relance minière en Andalousie. Aux rencontres avec des acteurs publics et privés du secteur minier à Séville s'ajoute une année passée dans le Bassin minier, unité territoriale (*comarca*) de la province andalouse de Huelva qui compte sept communes avec une population allant de 200 à 5 000 personnes et une mine à ciel ouvert. Les premiers séjours exploratoires puis l'immersion ont permis de négocier auprès de cadres dirigeants d'Atalaya Mining, la compagnie détentrice du permis

4. Kirsch S., "Sustainable Mining", *Dialectical Anthropology*, vol. 34, n°1, 2010, pp. 87-93.
5. Benson P., Kirsch S., "Capitalism and the Politics of Resignation", *Current Anthropology*, vol. 51, n°4, 2010, pp. 459-486.
6. Smith Rolston J., "The Politics of Pits and the Materiality of Mine Labor. Making Natural Resources in the American West", *American Anthropologist*, 2013, vol. 115, n°4, pp. 582-594 ; Rubbers B., "Mineworkers", in D'Angelo L., Pijpers R. J. (eds.), *The Anthropology of Resource Extraction*, Londres, New York, Routledge, 2022, pp. 113-129.
7. Lanzano C., "Sustainability", *op. cit.*, pp. 149-166.
8. Bory A., Lochard Y., « La responsabilité sociale des entreprises : un cheval de Troie politique ? », *Sociologies pratiques*, vol. 18, n°1, 2009, p. 46.

minier, et d'une entreprise sous-traitante l'accès à l'intérieur de la mine, où j'ai pu accompagner des équipes de travail sur plusieurs journées. Dans une certaine mesure, la façade « transparente » d'une mine promue comme « durable » a facilité l'accès au terrain. J'ai par ailleurs observé la vie quotidienne dans les communes voisines et consulté des archives du musée minier de Rio Tinto sur l'organisation du travail dans les années 1990. J'ai mené une soixantaine d'entretiens, dans le Bassin minier et à Séville, avec des salariés et retraités du secteur minier, des syndicalistes, des élus, des membres d'associations ou de partis politiques et des habitantes et habitants. Ces différentes données éclairent la production des promesses de « mine durable » ainsi que leurs matérialisations en termes de modes de production, d'impact environnemental et d'influence sur les processus de (dé)mobilisation contestataire dans le Bassin minier.

Cette recherche a bénéficié d'une du financement européen Marie Skłodowska-Curie (projet MINPOL n° 40227, 2021-2023).

Dans un contexte de verdissement des activités extractives, l'article interroge les reconfigurations de la citoyenneté industrielle dans le Bassin minier andalou. Ce processus de subjectivation politique que nourrit l'expérience du travail industriel [9] alimente des logiques de (dé)mobilisation pouvant osciller entre l'allégeance et la résistance à l'ordre extractif. Le présent article, après être revenu sur le modèle minier promu par Atalaya Mining, analyse la fracture que celui-ci institue dans les modes d'engagement au travail. Il éclaire enfin l'expression contrainte d'un sens critique de la prédation minière de la part des travailleurs qui habitent les alentours de la mine.

Les promesses contradictoires de durabilité écologique et sociale

« Des métaux pour un monde durable » : ce slogan accompagne la présentation en 2022 du nouveau logo d'Atalaya Mining, la compagnie qui exploite la mine de cuivre de Rio Tinto depuis sa réouverture, en 2015. Les mots d'ordre, logos, rapports de soutenabilité instituent une rupture discursive avec l'histoire industrielle du développement minier en Andalousie, célébrant la durabilité tant environnementale, économique que sociale d'une extraction désormais mise au service de la lutte contre le changement climatique. Cette « climatisation [10] » de la mine relève surtout de l'appropriation stratégique de l'impératif de transition énergétique ; elle s'accompagne toutefois de réelles reconfigurations des modes de production.

---

9. Allal A., Yon K., « Citoyennetés industrielles, (in)soumissions ouvrières et formes du lien syndical : pour une sociologie politique des relations de travail », *Critique Internationale*, n°87, 2/2020, pp. 15-32.
10. Aykut S., *Climatiser le monde*, Versailles, Quæ, 2020 ; Buu-Sao D., Chailleux S., Le Berre S., "Ecological Crisis and Green Capitalism: Towards a Climatization of Extractive Industries?", *Review of Agricultural, Food, and Environmental Studies*, à paraître en 2024.

La mine de Rio Tinto est exploitée à une échelle industrielle à partir de 1873 par une compagnie britannique qui la revend, en 1954, à un consortium de banques espagnoles. Dans les années 1980, la baisse des cours du cuivre et les restructurations industrielles accélèrent le déclin de la mine, qui ferme en 2003 après deux ans d'inactivité [11]. En 2014, une société basée à Chypre, bientôt rebaptisée Atalaya Mining, obtient le permis pour en relancer l'exploitation : les cours du cuivre sont alors quatre fois plus élevés qu'en 2003. Outre quelques grands opérateurs miniers comme Trafigura, ses principaux actionnaires sont des gestionnaires de fonds mondiaux. Ce cadre transnational favorise l'insertion de la mine de Rio Tinto dans les discours globaux de la mine durable [12], plus encore à l'heure où l'impératif de transition énergétique se fait omniprésent. L'appropriation stratégique de l'enjeu climatique apparaît dans les dossiers présentés par Atalaya Mining à la région d'Andalousie pour solliciter de nouveaux permis miniers :

> L'extraction de métaux est essentielle au modèle de transition énergétique défini par le Pacte vert européen [...], car il existe une demande importante de métaux tels que le cuivre pour la fabrication et l'utilisation de technologies permettant de remplacer les combustibles fossiles [13].

La question climatique, intégrée au caractère « durable » de la mine, fait l'objet d'un traitement de plus en plus formalisé. La chargée de soutenabilité d'Atalaya Mining affirme vouloir aller au-delà de « la simple conformité aux obligations fixées par la loi [14] ». Elle fait l'interface entre les départements de la compagnie pour suivre les recommandations du Pacte mondial des Nations Unies, qu'Atalaya Mining a signé en 2020 et qui appelle les entreprises signataires à « redoubler d'efforts [...] pour atteindre l'objectif de 1,5°C [15] ».

D'après le responsable du département de l'environnement d'Atalaya Mining, au cours des dernières années, « le ratio d'émissions [de gaz à effet de serre] par tonne de concentré [de cuivre] produit a considérablement diminué ». Il explique cette réduction par l'investissement dans des équipements

11. Arenas Posadas C., "Rio Tinto: el declive de un mito minero (1954-2003)", *Revista de historia industrial*, vol. 26, n°69, 2017, pp. 109-142.
12. Kirsch S., *op. cit.*
13. Atalaya Mining, *Proyecto para tramitación de concesión derivada de permiso de investigación Valverde n°14.920. Procedimiento AAU. Documento 1. Proyecto técnico ambiental*, 2021, pp. 39 et 42-43. Dans le contexte décentralisé de l'Espagne, les régions (communautés autonomes) sont chargées d'instruire les demandes de permis minier pour les sites relevant de leur territoire.
14. Entretien avec la chargée de soutenabilité d'Atalaya Mining, février 2022.
15. https://www.un.org/fr/chronique/le-pacte-mondial-des-nations-unies-proposer-des-solutions-aux-d%C3%A9fis-mondiaux (consulté le 15 septembre 2023)

plus efficients, mais surtout par la hausse de la production : « si la production augmente, le dénominateur augmente aussi ». Les émissions totales n'ont donc pas diminué. Le produit, trop impur pour être traité par la fonderie de la capitale provinciale, est d'ailleurs mélangé à des concentrés venant souvent d'Amérique latine pour être transporté jusqu'à des fonderies chinoises à bord de cargos propulsé par des mazouts lourds, un carburant fossile extrêmement polluant. Difficile dès lors de suivre la chaîne de production du cuivre pour quantifier la totalité des émissions associées au processus. Ce qui est certain, c'est que la mine de Rio Tinto contient des minerais très pauvres (moins de 0,4 % de cuivre). La rentabilité du projet tient donc aux cours élevés du cuivre, à la baisse des coûts de production et aux économies d'échelle, qui impliquent d'augmenter les volumes extraits.

Atalaya Mining aspire à ouvrir d'autres mines dans la région, dont une est sur le point de passer à la phase de l'extraction. L'extension spatio-temporelle de la frontière extractive annonce une augmentation continue des volumes produits et, par conséquent, de la consommation d'intrants (énergie, eau, etc.), des déchets miniers et des émissions de CO2. Les promesses de « mines durables », pour qu'elles se matérialisent en activités compétitives, restent ainsi prises dans ce que John Foster appelle « l'engrenage de l'accumulation » – du capital, mais aussi des matières polluantes dans la biosphère – pour analyser la prédation écologique que génèrent la concurrence et la concentration du capital au cœur de l'ordre économique mondial [16].

La « durabilité minière » relève donc essentiellement de l'appropriation stratégique d'un concept polysémique [17] : l'enjeu est de préserver la légitimité d'un secteur exposé à la critique [18]. Mais si l'écologisation de l'activité minière est un changement avant tout discursif, la mine de Rio Tinto s'inscrit dans un tournant global qui transforme en profondeur le modèle productif : le recours massif à la sous-traitance.

La sous-traitance au service de la rentabilité minière

C'est moins la contribution des mines à la transition énergétique que leur capacité à créer des emplois bien rémunérés qui nourrit des espoirs dans le Bassin minier. Quarante pour cent de la population active est au chômage quand la mine rouvre en 2015, un taux de vingt points supérieur à la moyenne.

---

16. Il s'agit d'une reformulation du concept d'engrenage (*treadmill*) de la production, proposé par Schnaiberg A., Bellamy Foster J., "The Treadmill of Accumulation: Schnaiberg's 'Environment' and Marxian Political Economy", *Organization & Environment*, vol. 18, n°1, 2005, pp. 7-18.
17. Han Onn A., Woodley A., "A Discourse Analysis on How The Sustainability Agenda is Defined Within The Mining Industry", *Journal of Cleaner Production*, vol. 84, 2014, pp. 116-127 ; Buu-Sao D., Chailleux S., Le Berre S., "Ecological Crisis and Green Capitalism: Towards a Climatization of Extractive Industries?", *op. cit.*
18. Lanzano C., *op. cit.*

La reprise de la production repose néanmoins sur le recours massif à la sous-traitance. Ce régime de travail qui tend à s'imposer dans les mines du monde entier tranche avec les modèles de production précédents [19]. Au XIXe et au XXe siècles, les entreprises qui se sont succédé à l'exploitation du gisement de Rio Tinto se chargent en effet de l'essentiel de l'activité extractive. Elles s'efforcent de contrôler la main-d'œuvre par un paternalisme associant contrôle disciplinaire, répression parfois violente et prise en charge de certains besoins (logement, santé, éducation) [20]. Avec le mouvement de globalisation et de financiarisation du secteur minier engagé à la fin du XXe siècle, un modèle de production fragmenté, basé sur la sous-traitance, s'impose progressivement [21]. La délégation de larges pans de l'activité à des entreprises spécialisées permet une plus grande flexibilité aux compagnies minières, qui adaptent ainsi les volumes produits aux fluctuations du marché.

La production de Rio Tinto est organisée en deux grandes étapes. L'extraction du minerai, autrement dit de la roche dont la teneur en minéraux utiles (ici, le cuivre) est considérée comme rentable, implique un travail de forage, de dynamitage et de transport de la matière ainsi extraite de la croûte terrestre. Il faut, pour accéder au minerai, dégager par le même procédé la roche considérée comme « stérile », qui s'accumule sous forme de blocs et de gravats autour de la mine (*escombrera*). Dans un second temps, le traitement minéralurgique consiste à concasser le minerai, progressivement broyé en une poudre de laquelle sont extraites les particules métalliques, sous forme de concentré. Ces deux étapes se déroulent dans des espaces bien différenciés : l'extraction se fait dans la mine à ciel ouvert ; la minéralurgie se déroule dans des usines construites en surface où broyeurs, moulins et bassins de flottation permettent de produire un concentré commercialisable. Atalaya Mining dispose d'une masse salariale de près de 500 personnes qui travaillent pour la plupart en surface – dans l'usine de traitement, dans les bureaux de géologie, à l'administration, etc. L'essentiel de l'extraction est sous-traité à deux entreprises (l'une spécialisée dans le forage et le dynamitage, l'autre dans le transport) qui délèguent à leur tour des tâches à d'autres entreprises (réparation, fournitures d'équipements, de combustible ou d'explosifs, surveillance, etc.). La maintenance des installations de surface est aussi majoritairement sous-traitée à une dizaine d'entreprises différentes. Le mode de production repose ainsi sur une sous-traitance en cascade. À la base de ce système pyramidal dominé par Atalaya Mining se trouvent des travailleurs aux statuts multiples (salariés en CDI ou CDD, intérimaires, stagiaires), éclatés entre des dizaines

19. Rubbers B., Lochery E., "Labour Regimes. A Comparative History", in Rubbers B. (ed.), *Inside Mining Capitalism: The Micropolitics of Work on the Congolese and Zambian Copperbelts*, New York, James Currey, 2021, pp. 27-54.
20. Ruiz Ballesteros E., *Minería y poder. Antropología política en Rio Tinto*, Huelva, Diputación provincial de Huelva, 1998.
21. Bezuidenhout A., Buhlungu S., "From Compounded to Fragmented Labour. Mineworkers and the Demise of Compounds in South Africa", *Antipode*, 2011, vol. 43, n°2, pp. 237-263.

de sous-traitants qui emploient, au total et selon les besoins, jusqu'à 800 personnes.

Si la sous-traitance a toujours existé dans les mines d'Andalousie, elle y atteint aujourd'hui une ampleur inédite : jamais l'extraction, cœur de métier des entreprises minières, n'avait été externalisée. Ce mode de production fragmenté induit des formes spécifiques de subordination de la main-d'œuvre [22]. Les entreprises sous-traitantes ne sont pas soumises à la convention collective du métal, qui inclut des dispositions pour prévenir et compenser les risques spécifiques au secteur. Dans les mines comme ailleurs, la délégation de certaines tâches à des preneurs d'ordre s'accompagne ainsi d'une « sous-traitance des risques [23] ». Les personnes qui forent les trous dans lesquels d'autres chargent l'explosif, ou celles qui transportent le minerai dans la fosse s'exposent quotidiennement à des poussières chargées de silice, à des risques d'éboulement, d'explosion accidentelle et à d'autres aléas liés au maniement d'imposantes machines sur des sols instables. Or, la sous-traitance en cascade a pour effet de diviser les tâches en une multitude d'entreprises dont la plupart ne dépassent pas le seuil des cinquante salariés à partir duquel un comité d'entreprise est obligatoire. Tandis que la sous-traitance invisibilise certains risques professionnels voire en crée de nouveaux, contredisant les promesses de mine « sûre » du XXIe siècle, la dénonciation de ces risques se heurte à l'affaiblissement des structures syndicales.

L'individualisation de l'engagement au travail

Le renforcement des dispositifs de RSE, pierre angulaire des promesses de « mine durable [24] », peut s'interpréter comme un renouvellement du paternalisme industriel. Pour autant, il indique aussi une rupture dans les modalités d'encadrement de la main-d'œuvre : au-delà de la façade vertueuse et de ses fonctions de légitimation, la RSE s'articule avec la prévention des risques pour donner lieu à des dispositifs qui promeuvent le soin de la santé des salariés et de leur famille, sur le lieu de travail comme en dehors [25]. Ces dispositifs contribuent à transformer les modes d'encadrement des relations professionnelles et de participation des travailleurs, en contraste avec ceux qui prévalaient auparavant.

---

22. Rubbers B., Lochery E., *op. cit.*
23. Thébaud-Mony A., « Sous-traitance des risques », in Thébaud-Mony A. (dir.), *Travailler peut nuire gravement à votre santé. Sous-traitance des risques, mise en danger d'autrui, atteintes à la dignité, violences physiques et morales, cancers professionnels*, Paris, La Découverte, 2008, pp. 83-123.
24. Lanzano C., "Sustainability", *op. cit.*
25. Rajak D., *In Good Company. An Anatomy of Corporate Social Responsibility*, Standford, Standford University Press, 2011.

De la coopérative à la transnationale

Des années 1870 à 1939, puis à partir de 1964 (première grève générale depuis la guerre civile), la dureté des conditions de travail, la politisation progressive des classes populaires et l'émergence de structures syndicales favorisent les mobilisations des mineurs de Rio Tinto [26]. Le mouvement connaît son apogée dans les années 1980, face aux réductions de personnel qui accompagnent le déclin de la mine. Les syndicats convoquent, en 1982 et en 1986-1987, des grèves massives. À l'enfermement de travailleurs dans des puits s'ajoutent l'occupation de bâtiments municipaux avec le soutien des maires ou le blocage de routes par des collectifs de femmes de mineurs. Ces mobilisations, à la rencontre de l'espace de travail et de la scène villageoise, témoignent de la profonde interconnexion du pouvoir syndical et du pouvoir municipal dans la seconde moitié du XXe siècle [27].

En 1995, les mineurs rachètent collectivement la mine menacée de fermeture pour une *peseta* symbolique. Celle-ci devient alors une coopérative dans laquelle l'objectif premier est moins le profit que le maintien de l'emploi [28]. La direction décide de concert avec le comité d'entreprise de mettre en place des canaux de participation des travailleurs. À cette fin, un anthropologue connaisseur du Bassin minier de Rio Tinto rejoint le Département des ressources humaines. Il met en place un service de participation qui anime des assemblées mensuelles au sein de chaque département [29]. En parallèle, le comité d'entreprise incite les travailleurs à adresser leurs remarques à la direction de leur département ou de la coopérative, à travers des formulaires et des écrits qui sont pris en compte dans la gestion des ressources humaines [30]. La place accordée à la participation des travailleurs se comprend à la lumière du rôle central joué par le syndicat dans la coopérative. Mais celle-ci est confrontée à l'effondrement des prix mondiaux du cuivre et son activité s'interrompt en 2001. Après deux ans de mobilisation, la mine ferme et les travailleurs de plus de 43 ans partent en pré-retraite ; les plus jeunes choisissent entre des indemnités de licenciement et un plan de retour à l'emploi.

En 2015, la mine de Rio Tinto recommence à produire du cuivre. Le contexte a bien changé. Les parts de la coopérative ont été morcelées entre différentes entreprises, finalement rachetées par Atalaya Mining, et la quasi-inté-

---

26. Collado Aguilar M., *La guerra civil española en Nerva. El drástico final de un proceso de generación de conciencia de clase*, Sarrión, Muñóz Moya Editores, 2016.
27. Ruiz Ballesteros E., *op. cit.*, pp. 152 et s.
28. Gallego Pajares R., Ruiz Ballesteros E., "Minas de Río Tinto Sociedad Anónima Laboral. Un modelo sociolaboral alternativo para la reactivación de la minería onubense", *TRABAJO. Revista Andaluza de Relaciones Laborales*, 2009, n°1, pp. 35-45.
29. Elles servent notamment à évaluer l'activité des départements pour augmenter les salaires en fonction de leur productivité. Escalera Reyes J., Ruiz Ballesteros E., "Antropologia i relacions sociolaborals. IAP per al canvi cultural en una empresa d'economia social: Minas de Rio Tinto SAL", *Revista d'etnologia de Catalunya*, 2002, n°20, pp. 82-91.

gralité des anciens mineurs de la coopérative sont aujourd'hui à la retraite. Désormais, la majorité des travailleurs de la mine fait preuve d'indifférence voire d'hostilité aux syndicats de leur entreprise : sur une quarantaine de salariés (ouvriers, techniciens et techniciennes ou cadres) d'entreprises minières rencontrés dans le cadre d'entretiens ou de conversations informelles, seuls trois se sont présentés comme syndiqués. Les autres partagent une vision critique des syndicats soutenue par trois grands types de récit. Selon le premier, les syndicalistes ne seraient mus que par la quête de privilèges et sont soupçonnés de détourner leurs heures syndicales à des fins personnelles. Le deuxième récit justifie la distance aux syndicats par le fait que l'engagement syndical mettrait en péril l'emploi occupé. Un troisième, plus rare, critique le manque de combativité d'élites syndicales désormais plus proches de la direction que de la main-d'œuvre : la direction aurait jusqu'à la capacité d'imposer, par la combinaison de pressions et de promesses, la composition des listes présentées aux élections professionnelles. Plusieurs tendances objectives expliquent ces perceptions. D'une part, le travail bureaucratique occupe une place de plus en plus centrale dans la routine syndicale [31]. Ces « barricades du quotidien [32] » peuvent avoir des effets importants, bien qu'ils ne soient pas aussi spectaculaires que les gains obtenus à l'issue d'une grève – ainsi de la recherche laborieuse du numéro fiscal et de l'objet social des centaines d'entreprises intervenant dans une mine, pour ensuite négocier auprès de la Sécurité sociale que certaines soient soumises à l'accord collectif du métal [33]. D'autre part, dans le Bassin minier, les deux organisations historiques du syndicalisme de lutte, Commissions ouvrières (CCOO) et l'Union générale du travail (UGT), ont perdu leur centralité depuis l'échec de la coopérative minière à laquelle elles sont associées. Elles tendent à disparaître des comités d'entreprise du Bassin minier au profit de l'Union syndicale ouvrière (USO) qui, depuis les années 1990, porte un discours conservateur et s'est ouvertement alliée à certains syndicats réputés comme « jaunes [34] ».

Plusieurs raisons expliquent cet effacement du syndicalisme combatif, de la perte de légitimité des syndicats historiques aux yeux des salariés à la stratégie consciente, de la part de la direction, de ne pas recruter des (proches de) syndicalistes notoires [35], en passant par l'auto-censure voire la répression syndicale.

30. Communication personnelle avec Alejandro Santos Silva, doctorant en histoire, qui travaille sur l'histoire de la coopérative minière (novembre 2022).
31. Il s'agit d'une tendance générale observée dans les grandes centrales syndicales espagnoles qui tendent à valoriser un syndicalisme « de gestion » qui offre des services individualisés (du conseil juridique aux promotions pour des départs en vacances). Wilhelmi G., *Sobrevivir a la derrota. Historia del sindicalismo en España, 1975-2004*, Madrid, Akal, 2021.
32. Kesküla E., Sanchez A., "Everyday Barricades: Bureaucracy and the Affect of Struggle in Trade Unions", *Dialectical Anthropology*, vol. 43, n°1, 2019, pp. 109-125.
33. Entretien avec un permanent de la section Industrie de Commissions ouvrières Andalousie, octobre 2022.
34. Wilhelmi G., *op. cit.*, p. 442.
35. À la manière des stratégies de recrutement mises en place lors de l'ouverture de la mine de

> Pablo, âgé d'une quarantaine d'années, manœuvre les camions qui transportent le minerai. Dans un café du Bassin minier, il me décrit son quotidien avec enthousiasme. Lui qui a connu l'ancienne mine de Rio Tinto, le travail y est aujourd'hui beaucoup plus facile grâce aux nouvelles machines ; il aime travailler dans la fosse qu'il connaît par cœur, dix heures par jour dont deux supplémentaires, pour environ 2 000 euros nets de salaire. Je lui demande s'il existe des syndicats dans son entreprise. Il évoque la création d'une section locale de CCOO, mais change subitement d'attitude : il préfère ne pas en parler, craignant que, si je publie son témoignage, son employeur l'identifie et le renvoie. Il critique toutefois des conditions décevantes. Il gagne moins qu'à l'époque de la coopérative et peut être licencié du jour au lendemain. C'est son statut qui met Pablo le plus en colère : sur sa fiche de paie, il est inscrit qu'il est conducteur-mécanicien. « Je transporte du minerai dans la fosse, pas des fraises sur la route », s'exclame-t-il en insistant sur les dangers de manœuvrer un camion chargé de centaines de tonnes de minerais dans une fosse qui fait plus de 200 mètres de profondeur. « Je suis mineur, c'est ce que j'ai toujours fait », répète Pablo. Il veut être reconnu comme tel, obtenir la même prime que les personnes employées dans l'usine de traitement pour respirer la même atmosphère chargée de poussière de silice [36].

De retour sur le terrain plus de deux ans plus tard, j'apprends que Pablo a finalement été poussé à la démission. Si la persécution syndicale est souvent difficile à objectiver, son anticipation est tangible dans les difficultés à mener l'enquête auprès de salariés, syndiqués ou non [37]. Entre peur et mépris, persécutions et auto-censure, ces sentiments négatifs favorisent d'autant plus la marginalisation du syndicalisme que la RSE, « en affirmant que le capital peut être géré d'une manière qui bénéficie à la classe ouvrière, rend potentiellement les syndicats moins pertinents [38] ».

« La mine, c'est la vie » : le mode individualisé de prévention des risques au service de la production

Comme dans toutes les mines gérées par des compagnies transnationales, à Rio Tinto, la prévention des risques est omniprésente, tant dans l'image que

---

charbon étudiée par Jessica Rolston, dans laquelle prévaut une hostilité aux syndicats largement partagée. Smith Rolston J., *Mining Coal and Undermining Gender: Rhythms of Work and Family in the American West*, New Brunswick, New Jersey, 2014.

36. Journal de terrain, octobre 2019. Tous les prénoms d'enquêtés sont des pseudonymes.
37. À une dizaine de reprises, j'ai fait face au refus ou, plus fréquemment, au silence de personnes avec qui nous avions pourtant convenu d'une rencontre. J'ai aussi constaté l'auto-censure manifeste de certaines qui, une fois le dictaphone en marche, ont tenu des propos ouvertement contradictoires avec ceux tenus hors enregistrement pour éviter de se compromettre.
38. Kesküla E., Sanchez A., *op. cit.*, p. 111.

l'entreprise donne d'elle-même (ainsi des écrans qui, à l'entrée des bureaux, indiquent le nombre de jours écoulés depuis le dernier accident) que dans un quotidien régi par d'innombrables procédures de sécurité. En cela, « la sécurité constitue un prisme intéressant pour étudier l'interaction entre les pratiques de travail, les relations de pouvoir sur le lieu de travail et les politiques de production [39] ».

Quand j'explique à la directrice du département de Prévention des risques d'Atalaya Mining que j'habite dans le Bassin minier, elle commente avec un grand sourire que j'ai donc dû constater l'amélioration notable des conditions de vie dans ces villages frappés par la fermeture de la mine : « Maintenant, l'argent revient et, avec lui, le progrès ! Et puis, cette mine présente les avantages de la mine du XXIe siècle, avec toutes ces technologies qui permettent d'améliorer la façon dont on travaille ; des pratiques qui avant étaient tolérées ne le sont plus [40] ». Les cadres du secteur s'efforcent de rompre avec l'image de la pollution minière en présentant l'extraction comme indispensable à la transition énergétique et, de la même manière, ils et elles insistent sur la sécurité pour se différencier de l'archétype (présenté comme anachronique) du travail minier comme étant l'un des plus dangereux. L'insistance sur la prévention des risques peut donc être une réponse aux critiques adressées au secteur minier [41]. Il ne s'agit toutefois pas seulement d'un discours défensif : la prévention des risques renvoie à des pratiques bien réelles. La dangerosité des tâches est réduite par l'adoption de procédures et d'équipements. Ainsi, le port de masques filtrant les particules de silice, la réalisation des tirs de mine à distance ou l'utilisation de foreuses équipées de cabines fermées au lieu des marteaux-piqueurs d'antan constituent une indéniable amélioration des conditions de travail. Toutefois, la prévention des risques dans l'industrie consiste moins en une technique politiquement neutre qu'en des choix résultant de la lutte entre « l'économie politique de la santé et du travail et l'économie politique de la vitesse, dans une situation où l'augmentation conjuguée de l'efficacité et de la sûreté est rarement possible [42] ».

L'approche de la prévention des risques professionnels qui prévaut dans l'industrie minière est qualifiée de néolibérale depuis différents terrains [43]. Elle consiste à faire dépendre la sécurité de la bonne volonté des entreprises

39. Musonda J., Pugliese F., "Safety: the Politics of Life in a Neoliberal Labour Regime" in Rubbers B. (ed.), *Inside Mining Capitalism: The Micropolitics of Work on the Congolese and Zambian Copperbelts*, Suffolk, Rochester, NY, James Currey, 2021, p. 56.
40. Entretien avec la directrice du département de Prévention des risques d'Atalaya Mining, février 2022.
41. Smith J., "Risky Business: Neoliberalism and Workplace Safety in Wyoming Coal Mines", *Human Organization*, vol. 69, n°4, 2010, p. 331-342 ; Kesküla E., "Risky Encounters: the Ritual Prevention of Accidents in the Coal Mines of Kazakhstan" in Pijpers R.J., Eriksen T.H. (eds.), *Mining Encounters. Extractive Industries in an Overheated World*, Londres, Pluto, 2019, pp. 156-173.
42. Kesküla E., *op. cit.*, p. 158.
43. *Ibid.* ; Smith J., *op. cit.* ; Musonda J. et Pugliese F., *op. cit.*

minières, et à en transférer la responsabilité de la direction vers les comportements et choix individuels des travailleurs. La maîtrise, par l'entreprise, du cadre de la prévention des risques permet de tromper la vigilance des fonctionnaires venus enquêter sur un accident mais ne connaissant pas le terrain [44]. En contrepoint de cette déresponsabilisation paradoxale de l'entreprise, l'accent est mis sur la responsabilité individuelle des travailleurs, qui sont par exemple soumis à des dépistages d'alcool et de drogue en cas d'accident. La directrice de prévention des risques est ainsi intarissable quand elle me parle des différents dispositifs pour faire participer les travailleurs, les « conscientiser » et permettre un « changement de culture [45] », tel le Prix de la Sainte-Barbe qui récompense chaque année des propositions de mesure de sécurité par des salariés de la mine [46]. Un autre dispositif, le « leadership de terrain », consiste à former des cadres, techniciens et techniciennes [47] de différents départements à analyser les risques et leur prévention dans un espace de travail donné, au moyen de différentes méthodes. Elle m'explique l'une d'elles, appelée « observation préventive » :

> On observe le comportement des travailleurs en matière de sécurité. [...] Alors vous dites soit « je vous félicite », soit « je vous ai interrompu parce que je suis inquiète de ce que je vois ; je vois que vous êtes en train de faire une tâche et que vous ne portez pas vos lunettes [de sécurité] ». Ou vous lui dites : « Votre famille est-elle importante pour vous ? – Bien sûr, oui, ma famille est importante pour moi ». Et vous dites : « Voulez-vous continuer à voir votre famille ? – Bien sûr, oui ! » Vous dites « Vous ne savez pas ce qui pourrait vous manquer pour continuer à être heureux de voir votre famille ? », puis vous lui parlez des lunettes, etc. L'important dans tout ça, [...] c'est d'obtenir l'engagement de sa part. [...] En fin de compte, ce que les gens veulent, c'est que vous preniez soin d'eux. Il ne s'agit pas de les gronder, il s'agit de leur faire comprendre qu'on se préoccupe d'eux [48].

L'enquêtée incarne la performance, fréquente dans les discours corporatifs de développement durable, de l'« entreprise qui prend soin [49] » de la santé

44. D'après le récit d'un technicien de sécurité dans un cadre informel. Journal de terrain, juin 2022.
45. Entretien cité avec la directrice de prévention des risques.
46. À mi-chemin entre ces deux logiques, l'enquêtée évoque aussi à trois reprises la collaboration avec les délégués à la prévention des risques professionnels, au nombre de trois, qui sont désignés parmi les membres du Comité d'entreprise. À défaut d'avoir pu aborder la question avec les syndicalistes de l'entreprise (*cf. supra*), il est difficile d'évaluer exactement la place des syndicalistes dans la construction de la politique de prévention des risques professionnels.
47. Au-delà des discours corporatifs sur l'ouverture des « mines du 21e siècle » aux femmes, elles restent très rares à des postes d'ouvriers et sont surtout recrutées à des fonctions d'administration, d'ingénierie ou d'encadrement du personnel ; elles sont une majorité à assurer la fonction de « technicienne de sécurité ».
48. Entretien cité.

de sa main-d'œuvre, sur les lieux de travail comme en dehors – ainsi des programmes de désintoxication qu'elle promeut auprès des travailleurs mais aussi, à travers eux, de leur famille. Dans le même temps, elle exprime bien la focalisation sur le comportement individuel des salariés, réduit au respect du port des EPI, comme unique pierre d'achoppement de la prévention des risques. Cette individualisation de la sécurité se fait au détriment de la réduction des risques liés à l'organisation du travail dans son ensemble, les facteurs les plus structurels étant la sous-traitance et l'emploi intérimaire [50]. L'organisation d'une campagne de conscientisation, d'un prix annuel ou de la soustraction d'une heure par mois de personnels d'encadrement sur leur journée de travail pour participer au « leadership de terrain » sont des mesures plus économiques que l'action sur les causes structurelles. C'est en ce sens que l'on peut interpréter les propos conclusifs de la directrice de prévention des risques à la fin de notre entretien : « n'oublie pas que la mine, c'est la vie ; nous ne pouvons pas vivre sans minerais [51] ». La sécurité reste subordonnée à l'impératif de production et de rentabilité intériorisé par certains travailleurs – « si l'actionnaire gagne de l'argent, alors mon chef est payé et moi aussi », me commente ainsi l'un d'entre eux lors d'une rencontre au café [52].

Au-delà de la fonction officielle de la prévention des risques, celle-ci donne cependant lieu au déploiement de procédures qui impliquent la surveillance de toutes les activités dans leurs moindres détails et à tous leurs stades. Ainsi que le résume une technicienne de sécurité : « La sécurité, ça va de comment tu conduis une voiture à comment on fait un trou en forant. [...] Depuis comment on utilise un instrument à comment on maintient l'ordre de la zone de travail. Au fond, tout est sécurité [53] ». De multiples normes régissent le quotidien des travailleurs, dans la fosse de la mine comme à l'atelier de réparation, à l'usine de traitement ou dans le laboratoire d'analyse. Leur non-respect, ou le fait d'être détecté positif à l'issue d'un dépistage préventif ou consécutif à un accident, sont les principales causes de sanctions qui vont du non-paiement des 95 euros de bonus mensuel de sécurité jusqu'au renvoi définitif. En cela, la sécurité se présente comme un dispositif disciplinaire qui vise un contrôle minutieux des tâches réalisées, à travers leur segmentation en une série de petits gestes soumis à des procédures spécifiques, tout en faisant peser l'ombre de sanctions favorisant, à la manière du panoptique foucaldien,

49. Livesey S., Kearins K., "Transparent and Caring Corporations? A Study of Sustainability Reports by The Body Shop and Royal Dutch/Shell", *Organization & Environment*, 2002, vol. 15, n°3, pp. 233-258.
50. Sur cette question en France, voir : Abdelnour S. et al., *Précarité d'emploi et conditions de travail. Expériences de l'emploi et expositions aux risques professionnels des travailleurs intérimaires, des auto-entrepreneur·es et des contractuel·les de la fonction publique*, Paris, Ministère du Travail - DARES, 2021.
51. Entretien cité avec la directrice du service de prévention des risques.
52. Journal de terrain, mars 2022. Pour un constat similaire sur l'intériorisation des contraintes de rentabilité par les travailleurs, voir : Kesküla E., *op. cit.*, p. 120.
53. Entretien avec une technicienne de sécurité d'une entreprise sous-traitante, août 2022.

l'auto-contrôle des travailleurs [54]. La promotion d'une « culture de la sécurité » exprime donc l'ambivalence d'une discipline corporative qui articule l'attitude paternaliste de soin envers les salariés et leur invitation à participer pour améliorer le processus productif, d'une part, et leur contrôle, encadrement voire punition en cas de non-respect des mesures individuelles de prévention des risques professionnels d'autre part.

Des critiques en sourdine de la prédation minière

> Miguel est mécanicien en CDD dans un atelier de maintenance d'une entreprise sous-traitante de la mine, qu'il me fait visiter. Il critique certaines contraintes telles que les multiples formulaires à remplir pour attester le respect des procédures de sécurité, ou l'obligation d'utiliser un harnais pour les réparations en hauteur – les mécaniciens ferment parfois la porte du hangar pour s'éviter cette perte de temps avec l'accord tacite de leur hiérarchie mais, en cas d'accident, ce sont eux qui en portent la responsabilité. Il m'emmène à l'arrière de l'atelier, m'enjoignant de rester discrète et de ne prendre aucune photo : une ouverture dissimulée avec une plaque de tôle ménage un accès (interdit) à des bureaux désaffectés depuis les années 1990, quand la mine était une coopérative. Parmi les papiers qui traînent sur le sol jonché de poussière, j'en ramasse un qui attire mon attention. C'est la photocopie d'un article sur la première condamnation d'une entreprise pour la mort d'un salarié exposé à l'amiante, en Catalogne ; une mention manuscrite indique qu'il a été publié dans *El País* le 10 juin 1997. À l'époque, un salarié du service de la participation tenait une revue de presse de l'actualité susceptible d'intéresser les travailleurs [55].

Cette plongée dans l'histoire de la coopérative minière, aux côtés d'un mécanicien critique des normes de sécurité et prompt à les enfreindre (y compris face à une inconnue), est instructive à deux égards. Elle exprime d'une part le contraste entre l'approche collective de la sécurité qui prévalait à l'époque de la coopérative – un article sur la reconnaissance de la responsabilité d'une entreprise pour la mort d'un travailleur atteint de cancer du poumon, à l'autre bout du pays, avait ainsi sa place dans la revue de presse quotidienne – et celle, individualisante, à l'œuvre aujourd'hui. Elle suggère aussi la permanence d'un sens critique face aux normes de sécurité. Dès lors que la prévention des risques est un outil d'encadrement de la main-d'œuvre et qu'elle cristallise des questions relatives au mode de production dans son ensemble, dans quelle mesure ces désaccords s'articulent-ils avec une critique plus générale de l'ordre extractif ?

---

54. Foucault M., *Surveiller et punir. Naissance de la prison*, Paris, Gallimard, 1975.
55. Journal de terrain, novembre 2021.

L'ambivalence des rituels de sécurité

Jessica Smith, qui a enquêté sur les relations de travail dans des mines de charbon de l'Ouest états-unien, revient sur un cas de subversion du caractère individualisant de la prévention des risques. Lors de la présentation d'un audit participatif comparable au « leadership de terrain » mis en œuvre à Rio Tinto, les mineurs opposent des causes non individuelles des accidents (machines défaillantes, routes dangereuses dans la fosse) aux explications qui leur sont proposées, et s'approprient le dispositif dans un sens plus collectif. Ils parviennent ainsi à créer « une exception au néolibéralisme [56] ». Mais il s'agit d'une mine où l'extraction est menée depuis plus de cinquante ans par une main-d'œuvre stable et soudée. Dans la mine de Rio Tinto, l'éclatement de travailleurs récemment recrutés entre différents statuts plus ou moins précaires ne prédispose pas à une telle appropriation collective de l'impératif sécuritaire, à plus forte raison dans un contexte de démobilisation syndicale. Pour autant, les salariés ne cachent pas toujours leur scepticisme face à l'individualisation du risque.

> Il est 8 heures et, en ce mois de février, il fait encore nuit. Non loin de l'usine de traitement du minerai, Julio, ingénieur des mines, fait face à l'équipe de dynamiteurs dont il encadre le travail. La douzaine d'hommes est chargée de préparer les trous de dynamitage dont la détonation, chaque jour à heure fixe, permet d'extraire le minerai. Julio ouvre le quart d'heure de sécurité quotidien en présentant les risques liés au terrain d'intervention. Les travailleurs l'observent la tête inclinée sous la visière de leur casque ou regardent le sol ; certains se coupent les ongles. Il explique qu'ils interviendront aujourd'hui au pied d'une paroi ; le risque principal est la chute de pierres mais le sol est plutôt bon. Puis Julio adopte un ton plus grave : il a reçu des remarques de la technicienne de sécurité concernant des travailleurs qui ne portent pas leurs lunettes ou fument à l'intérieur de l'aire d'intervention. « Je ne sais plus comment vous le dire, vous savez très bien que vous devez porter votre casque, utiliser les lunettes, mettre un masque [57] », dit-il sur un ton las. « Si les mots ne suffisent pas à vous faire prendre conscience, alors il ne reste que les sanctions ». Julio propose que, pour que ce soit moins ennuyeux, les travailleurs exposent eux-mêmes, chaque jour, un point de sécurité. Un homme lève alors la main. Derrière son masque FFP2, il émet une critique à peine voilée : « c'est bien beau, le masque, les lunettes, mais vous savez où sera le tir de mine du lendemain, non ? María [la technicienne de sécurité] ne pourrait pas

56. Smith J., *op. cit.*, p. 339.
57. À l'époque (février 2022), dans le cadre des restrictions sanitaires liées à la pandémie de Covid-19, le port du masque est obligatoire dans les espaces publics et sur tout lieu de travail.

inspecter les lieux et faire assainir le terrain ? Parce qu'hier, là où on était, c'était un coup à se briser la nuque ». Julio reconnaît que les terrains sont parfois accidentés, mais une fois que les trous de dynamitage ont été forés, impossible de faire passer les machines. S'il y a des roches qui peuvent provoquer des chutes et qu'elles sont trop lourdes pour être dégagées avec une pelle, « je ne sais pas moi, tirez-les avec un câble attaché à une voiture, inventez quelque chose ». Il met un terme au quart d'heure de sécurité. Nous montons dans son 4x4 de service avec deux travailleurs qu'il dépose sur le site d'intervention, dans la fosse. Alors qu'on remonte la piste parcourue par des camions chargés de minerai, immenses comparés au véhicule de Julio, il m'explique qu'il met peu à exécution sa menace de sanction, la suppression du bonus de sécurité mensuel de 95 euros. Quand ça arrive, « ils râlent et font la gueule, on dirait des enfants », dit-il alors que nous passons près du mur où est écrit, en grand, « Nous sommes Rio Tinto [58]. »

Le quart d'heure de sécurité donne à voir des travailleurs partageant une attitude relativement distante et critique. C'est le cas de celui qui, ignorant l'invitation à la participation individualisée et scolaire de faire un exposé quotidien, pointe un problème structurel : l'équipe intervient sur des terrains accidentés qui peuvent causer des blessures. Mais la critique est vite désamorcée par l'ingénieur, qui répond en valorisant l'initiative individuelle et le bricolage. Sa description des travailleurs comme des enfants, empreinte de paternalisme, contraste avec les injonctions à la responsabilisation et à la participation de l'ensemble de la main-d'œuvre (« Nous sommes Rio Tinto »). Le quart d'heure de sécurité se présente comme un de ces multiples « rituels de sécurité [59] » aux effets limités en termes de prévention des accidents, mais qui permettent à la direction de l'entreprise d'affirmer qu'elle met en œuvre les mesures nécessaires. Ce rituel constitue également un espace dans lequel le collectif de travail peut s'affirmer face aux supérieurs. Ceci d'autant plus qu'une partie des hommes de l'équipe se côtoie en dehors du travail, dans des bars du Bassin minier où ils partagent des anecdotes parfois chargées d'un sens de la dérision critique de la hiérarchie – qui, elle, ne se mêle pas à ces sociabilités informelles.

Un sens critique diffus des contradictions de la mine « durable »

Un soir, Daniel, un dynamiteur que j'accompagne, retrouve Pedro, un administratif de son entreprise, à leur bar habituel. Daniel demande à Pedro s'il a vu la photo d'un homme alité qu'il lui a envoyée depuis l'hôpital où il accompagnait un membre de sa

58. Journal de terrain, février 2022.
59. Kesküla E., *op. cit.*

famille : on aurait dit le responsable des travaux, la plus haute autorité de leur entreprise présente dans la mine de Rio Tinto. « J'ai vu sa tête chauve, son ventre [dont il mime la forme rebondie] ; c'est mon chef ou quoi ?? », raconte Daniel en s'esclaffant. Il s'est approché du lit pour constater que ce n'était pas lui, mais a envoyé la photo à Pedro en guise de plaisanterie. Celui-ci rit, dit qu'il a eu peur : il s'est demandé si le tir de mine s'était mal passé et si leur chef n'avait pas été gravement blessé. D'autant qu'il y a eu des problèmes aujourd'hui, que Julio a dû régler d'urgence en désactivant la moitié de l'explosif [60].

Lors de cet échange, les travailleurs semblent tourner leur chef en dérision. Leur ton plaisantin s'apparente à un « texte caché » de la contestation des rapports d'autorité dans la mine [61], d'autant plus dans ce moment de détente quotidien de consommation collective d'alcool auquel ne prennent pas part les chefs qui vivent dans le même village [62]. Ils expriment en même temps leur conscience du danger que représente la manipulation quotidienne de dizaines de milliers de kilos d'explosifs. Au contact des risques du métier, l'inquiétude est parfois vive. Un travailleur se plaint souvent de « toute cette merde qu'on avale » dans l'usine de traitement, dont l'air est chargé de poussières de minerai – elles contiennent des particules fines de silice, à l'origine de la silicose et de cancers du poumon – qui noircissent les parois de sa douche au retour du travail [63]. Un autre salarié s'inquiète de sa vision affectée par les lunettes de sécurité, qu'il porte consciencieusement et dont les verres sont continûment rayés par les projections de minerai dans le laboratoire où il travaille. Son examen médical annuel, qui inclut un test de vision, le confirme ; c'est aussi le cas des collègues avec qui il en a parlé. Pour autant, quand il participe au Prix de la Sainte-Barbe, c'est pour proposer un passage piéton pour les personnes venant visiter la mine. Pas question de suggérer d'investir dans des stocks plus importants de lunettes afin de les renouveler plus fréquemment, ni par ce biais-là, ni en passant par les membres du comité d'entreprise : étant intérimaire, « on ne va pas être trop exigeant [64] ».

Au fil de l'enquête, se sont multipliés les témoignages discrets, principalement lors de conversations informelles, de la perception du danger que représente la mine pour les corps humains et leur environnement. L'exposition aux poussières, dans la mine comme dans les communes environnantes, est le pre-

60. Journal de terrain, août 2022.
61. À la manière, toutes proportions gardées, des textes cachés de la résistance dans des situations autrement plus coercitives : Scott J., *La domination et les arts de la résistance. Fragments du discours subalterne*, Paris, Éditions Amsterdam, 2009.
62. Pialoux M., « Alcool et politique dans l'atelier. Une usine de carrosserie dans la décennie 1980 », *Genèses*, vol. 7, n°1, 1992, p. 94 128.
63. Journal de terrain, janvier 2022 ; entretien, février 2022.
64. Entretien, septembre 2022.

mier motif de préoccupation. Des personnes vivant à grande proximité de la mine, dont certaines qui y travaillent, se plaignent des vibrations causées par les tirs de mine quotidiens ou des déchets toxiques issus du traitement minéralurgique. Des réactifs chimiques et des métaux lourds s'accumulent en effet dans ces boues entreposées dans un parc à résidus dont la capacité est régulièrement accrue. « Ici, c'est une zone de sacrifice » dans laquelle la mine offre quelques emplois précaires en échange d'une pollution durable, affirme de manière surprenante un ingénieur de la mine devant l'équipe de dynamiteurs quand je le rencontre dans la fosse, puis lors d'un entretien [65]. Originaire de la région, ce fils, petit-fils et père de mineurs est membre d'une association de protection de l'environnement et proche d'un militant écologiste dont il a repris l'expression « zone de sacrifice », si rare dans le monde minier. Il est décrit comme un « original » par ses collègues. Le fait qu'il se permette ces propos dénonciateurs publiquement, dans l'espace de travail, est néanmoins un indicateur de leur acceptabilité, si ce n'est de leur fréquence. Car une proportion importante des salariés de la mine vivent dans les communes rurales des alentours et mènent alors parfois, en complément de leur emploi, des activités d'autoproduction (élevage, horticulture, cueillette) qui rendent plus sensibles aux enjeux écologiques.

Le sentiment d'inconfort face au caractère invasif de la mine ne s'est pas traduit par des mobilisations d'ampleur qui dénonceraient ouvertement, dans l'espace du travail comme en dehors, la responsabilité des compagnies minières au point d'en critiquer l'activité dans son ensemble. Les rapports de domination qui traversent le monde de la mine, mais aussi la dépendance historique de la société du Bassin minier à ce secteur, dans une région où le chômage est de dix points supérieur à la moyenne nationale, « interrompent la politique » : ils constituent des barrières à la transformation de ces « sentiments viscéraux » (*gut feelings*) en critique articulée collectivement et publiquement [66]. Pour autant, ils n'effacent pas ce sens critique diffus, « permanent et largement distribué, dès lors qu'il émerge des contradictions ancrées dans nos vies quotidiennes [67] ».

***

La promotion de la « mine durable », dont on a vu les contradictions intrinsèques, ne relève pas seulement d'une façade discursive édifiée à destination du grand public. Elle se traduit dans des dispositifs qui visent à construire une communauté harmonieuse de travailleurs appelés à constituer un fervent soutien du projet minier. À la rencontre de la RSE et de la prévention des risques professionnels, apparaissent des canaux de participation contrôlés par

65. Journal de terrain, juin 2022 ; entretien, août 2022.
66. Li T., "Politics, Interrupted", *Anthropological Theory*, vol. 19, n°1, 2019, pp. 29-53.
67. *Ibid.*, p. 48.

l'entreprise qui tendent à occuper l'espace laissé libre par le syndicalisme combatif d'antan. Néanmoins, si la RSE en général, et la prévention des risques en particulier, s'apparentent à des mécanismes disciplinaires pour resserrer le contrôle sur le travail [68], il importe d'interroger dans quelle mesure les salariés s'y conforment ou se les approprient dans un sens qui peut différer de leur rationalité initiale. Dans la mine de Rio Tinto, la défaite du syndicalisme de lutte et le ressentiment laissé par l'échec de la coopérative minière privent les travailleurs d'espaces à même d'opposer une résistance collective à l'approche néolibérale de la sécurité – et aux sanctions qui les accompagnent. Tout concourt ainsi à l'individualisation des modes d'engagement dans l'espace de travail. Pour autant, ce processus n'annule pas le sens critique des travailleurs, qui s'exprime parfois ouvertement dans l'espace de travail, plus fréquemment de manière discrète.

Si ces « sentiments viscéraux [69] » ne s'articulent pas clairement en une critique frontale de l'ordre extractif, la vie quotidienne dans le Bassin minier est marquée par de multiples inquiétudes concernant l'impact d'autres industries liées à l'existence de la mine. En février 2022, pour la première fois en plus de vingt ans, des centaines d'habitantes et habitants, dont des salariés de la mine, manifestent pour la fermeture d'une déchetterie industrielle. Elle a été construite en 1998, à l'époque des promesses de « diversification économique » en contrepartie du déclin minier. La résurgence de ce mouvement extrêmement fort dans les années 1990 s'est accompagnée, au cours de l'été 2022, de ce qui pourrait être les prémices de nouvelles mobilisations contre l'impact écologique d'industries qui ne sont pas complètement déconnectées de l'histoire minière locale [70]. Les travailleurs les plus critiques revendiquent souvent leur participation à ces mobilisations. La déconflictualisation des relations professionnelles analysée ici semble ainsi donner lieu à un déplacement de l'expression du sentiment d'injustice de l'espace de travail vers l'espace résidentiel, et de la mine vers d'autres industries.

68. Musonda J., Pugliese F., *op. cit.*
69. Li T., *op. cit.*, p. 37.
70. L'une concerne un projet d'usine de technosols promu par Atalaya Mining, qui consiste à transformer des déchets industriels et domestiques en sol artificiel pour les travaux de reforestation que devra réaliser la compagnie minière après la fermeture de la mine, et a donné lieu à plusieurs pétitions et réunions publiques. L'autre porte sur l'usage de canons anti-grêle, rendus responsables de la sécheresse, par une entreprise valencienne pour la culture intensive d'agrumes, une activité subventionnée par les pouvoirs publics dans les années 1990 dans le cadre de la reconversion économique des bassins miniers ; deux maires ont exigé des comptes à l'entreprise agro-industrielle.

Ce qu'une multinationale « citoyenne » fait aux citoyens. La managérialisation d'engagements salariés au Mexique

Pierre ROUXEL, Karel YON

Pierre Rouxel est maître de conférences en science politique à l'Université Rennes 2 et membre du laboratoire Arènes. Ses recherches portent principalement sur les dynamiques d'engagement et de participation dans les mondes du travail en France, en Argentine et au Mexique.

Karel Yon est chargé de recherche en sociologie au laboratoire IDHES (Université Paris-Nanterre, CNRS). Ses travaux portent sur les syndicalisme, les politiques du travail et la démocratie sociale en France, aux États-Unis et au Mexique.

Si des recherches s'intéressent aux relations entre les grandes firmes multinationales et les autorités étatiques, à la façon dont elles contribuent à produire les politiques publiques [1], il n'existe que peu de travaux sur la façon dont les entreprises « produisent » de la citoyenneté, sur la façon dont elles promeuvent des modèles de participation sociale et politique auprès de leurs salariés. Or, l'essor d'un capitalisme se voulant éthique, qu'illustrent les débats autour de la responsabilité sociale et environnementale (RSE), du bénévolat d'entreprise, ou plus récemment l'émergence de la thématique de la mission ou de la raison d'être des entreprises témoignent pourtant de cette idée que les entreprises n'entendent plus se contenter de délivrer un salaire à celles et ceux qui travaillent pour elles, mais entendent aussi accompagner celui-ci de « sens [2] ». En cela, à la fois parce qu'elles tiennent un discours empreint de

---

1. Arato J., "Corporations as Lawmakers", *Harvard International Law Journal*, vol. 56, n°2, 2015, pp. 229-295 ; Culpepper P., *Quiet Politics and Business Power: Corporate Control in Europe and Japan*, Cambridge, Cambridge University Press, 2011 ; Hathaway T., "Neoliberalism as Corporate Power", *Competition & Change*, vol. 24, no3-4, 2020, pp. 315-337 ; Laurens S., *Les courtiers du capitalisme : milieux d'affaires et bureaucrates à Bruxelles*, Marseille, Agone, 2015 ; Rea C., Walker E., "The Political Mobilization of Firms and Industries", *Annual Review of Sociology*, vol. 40, n°1, 2014, pp. 281-304.

« valeurs » et parce qu'elles suscitent des engagements de la part de leurs salariés, les entreprises peuvent être analysées comme des instances de socialisation politique. Le constat est encore plus évident quand des directions d'entreprise s'appliquent à mobiliser directement celles et ceux qu'elles emploient à des fins politiques [3].

L'idée que l'organisation des rapports sociaux au travail contribue à façonner la citoyenneté n'est du reste pas nouvelle : elle est au fondement de la théorie des relations professionnelles qui voyait dans l'institutionnalisation du statut de salarié et la mise en place de formes de « citoyenneté industrielle » un des piliers de la démocratie libérale [4]. Mais cette tradition d'analyse est souvent empreinte d'une vision excessivement normative, au double sens où elle tend à limiter le périmètre de la participation en entreprise aux institutions qui lui sont spécialement dédiées, et où elle tend à être animée de l'idée que susciter la participation au travail suffirait en soi à nourrir la participation politique démocratique [5].

En rupture avec cette conception de la citoyenneté au travail, nous utilisons cette notion, à la manière des anthropologues de la citoyenneté, comme un moyen de réfléchir à la façon dont les travailleurs et les travailleuses se constituent, ou sont constitués, en sujets politiques [6]. Cette façon de penser la citoyenneté au travail conduit à étudier ensemble des dispositifs qui sont en général abordés séparément : les politiques de RSE qui participent de l'affirmation contemporaine d'une « entreprise citoyenne », et les formes classiques de citoyenneté salariale, adossées au syndicalisme et à la représentation collective du personnel. De ce rapprochement découlent plusieurs questions : ces dispositifs sont-ils concurrents ou complémentaires ? Comment s'articulent-ils au concret ? Quelles sont les caractéristiques des salariés qui s'investissent prioritairement dans l'un ou l'autre de ces canaux de participation ? Cette approche à la fois plus empirique et inductive implique en outre d'étudier la façon dont l'engagement au travail peut s'appuyer sur la reconversion de dispositions acquises dans d'autres sphères d'activité et, inversement, être source de nouveaux apprentissages sociaux et politiques : qu'est-ce qui dispose cer-

---

2. Bosvieux-Onyekwelu C., Boussard V., « Moraliser le capitalisme ou capitaliser sur la morale ? », *Actes de la recherche en sciences sociales*, n°241, 2022, pp. 4-15.
3. Hertel-Fernandez A., *Politics at Work: How Companies Turn Their Workers into Lobbyists*, Oxford, Oxford University Press, 2018.
4. Yon K., « Citoyenneté industrielle », in Petit G., Blondiaux L., Casillo I., Fourniau J.-M., Gourgues G., Hayat S., Lefebvre R., Rui S., Wojcik S., Zetlaoui-Léger J. (dir.), *Dictionnaire critique et interdisciplinaire de la Participation, DicoPart* (2e édition) [en ligne], GIS Démocratie et Participation, 2022, consulté le 03/07/2023. URL : https://www.dicopart.fr
5. Ces limites ne sont pas sans analogies avec celles qui ont été pointées dans les travaux sur la participation identifiés au « paradigme néo-teocquevillien », *cf.* Lichterman P., Eliasoph N., "Civic Action", *American Journal of Sociology*, vol. 120, n°3, 2014, pp. 798-863.
6. Allal A., Yon K., « Citoyennetés industrielles, (in)soumissions ouvrières et formes du lien syndical : pour une sociologie politique des relations de travail », *Critique internationale*, n°87, 2020, pp. 15-32.

tains individus, plutôt que d'autres, à répondre aux offres d'engagement formulées dans l'entreprise ? En quoi ces engagements affectent-ils leurs trajectoires, dans l'entreprise et en dehors ? Qu'en retirent-ils ou elles en retour ?

Ces questionnements s'ancrent ici empiriquement dans l'ethnographie d'un grand groupe français implanté à l'étranger. Créé en 1976 comme un distributeur spécialisé d'articles de sport, Decathlon [7] comprend au moment de l'enquête plus de 100 000 salariés et réalise plus de la moitié de son chiffre d'affaires hors de France. L'entreprise dispose d'un réseau de 1 600 magasins établis dans une soixantaine de pays, auxquels est adossé un important réseau de sous-traitants industriels. Dans sa communication à l'attention du public autant que des salariés et des actionnaires de l'entreprise, Decathlon revendique sa mission sociale et citoyenne, résumée en ces termes : « rendre le sport accessible au plus grand nombre [8] ». Cette formule aligne l'intérêt économique à la croissance de l'entreprise, *via* le développement de ses implantations et la conquête de nouveaux marchés, avec une préoccupation pour la démocratisation de la pratique sportive qui est présentée comme une source de bien-être individuel et collectif et d'intégration sociale. Le développement de la politique de Decathlon en matière de RSE s'inscrit de la sorte au croisement de l'héritage d'une vision paternaliste de l'entreprise [9] – pensée comme une grande famille, en l'occurrence ici de « passionnés du sport » – et de l'incorporation d'innovations managériales valorisant l'autonomie au travail [10]. Outre une fondation d'entreprise, créée en 2005 pour soutenir des projets associatifs en faveur de l'environnement ou de l'insertion par l'emploi et le sport et reposant sur l'engagement bénévole de ses propres salariés, l'entreprise s'est dotée ces dernières années de multiples dispositifs susceptibles de fonder la participation du personnel, avec notamment la création de missions de « référent développement durable » ou « référent qualité de vie au travail » dans les établissements [11]. De ce point de vue, Decathlon se situe au croisement de deux dynamiques, l'une sectorielle et l'autre transversale, qui conditionnent l'extraction du profit à la « mobilisation des âmes [12] ». La politique d'enrôlement par les valeurs, reposant sur l'affirmation d'une culture d'entre-

7. Decathlon valorisant l'ouverture, la transparence et la responsabilité, et le groupe étant par ailleurs facilement identifiable, nous avons fait le choix, à la suite d'autres collègues (voir par exemple : Dalla Pria Y., Leroux N., « "La vie en bleu". La construction de l'engagement organisationnel des cadres d'une enseigne de la grande distribution d'articles de sport », *Sciences sociales et sport*, n°11, 2018, pp. 33-66), de ne pas l'anonymiser, même si nous avons veillé à protéger l'identité des personnes avec qui nous avons échangé tout au long de notre recherche. Les noms des personnes citées en entretien ont ainsi été modifiés.
8. Leclercq M., *Decathlon. Pourquoi ça marche ?!*, édité à compte d'auteur, 2019.
9. Bory A., Lochard Y., « La responsabilité sociale des entreprises : un cheval de Troie politique ? », *Sociologies pratiques*, n°18, 2009, pp. 39-50.
10. Dall'Agnol A., Debarre C., De Clerck F., Lejeune T., Saenen R., *Decathlon Belgium : Notre histoire. 3000 leaders à la recherche d'une entreprise vivante*, Louvain/Amsterdam, Lannoo Campus, 2021.
11. Rouxel P., « La managérialisation de la question sociale dans une multinationale de la distribution sportive », *Les Mondes du Travail*, n°30, 2023, pp. 89-101.

prise forte à laquelle les salariés sont appelés à s'identifier, n'est en effet pas propre à Decathlon mais constitue un trait largement partagé dans le secteur de la grande distribution [13]. Mais elle renvoie aussi à une dynamique plus large induite par l'essor, dans le capitalisme contemporain, d'un ensemble de dispositifs et de professionnels de la vertu d'entreprise considérant l'éthique et le profit comme intrinsèquement liés [14].

Cet article se focalise sur les implantations de Decathlon au Mexique, qui est une sorte de marche frontière d'un groupe dont les activités commerciales se sont rapidement internationalisées au cours de la dernière décennie. Au sein de celui-ci, Decathlon Mexique ne représente qu'une goutte d'eau : 0,5 % de l'effectif global, 60 millions d'euros de chiffre d'affaires sur un total de 15 milliards. À l'image de filiales d'autres pays latinoaméricains et africains, sa création est récente : après une première tentative d'installation dans ce pays qui échoue au début des années 2000, des magasins ont ouvert en 2016. Outre un modeste réseau de sous-traitants locaux – 95 % des produits vendus sur place sont importés –, Decathlon revendique sept ans plus tard environ 500 salariés, répartis dans quatorze magasins situés principalement dans la ville et l'État de Mexico, la région du Bajío et le nord du pays, un entrepôt situé dans le principal *hub* logistique du pays, dans le nord de l'État de Mexico, et des services supports localisés dans les bureaux de Polanco, un quartier huppé de la capitale. La majeure partie de la main d'œuvre mexicaine directement employée par le groupe est composée de vendeuses et vendeurs et de responsables de rayons [15]. Mais une fraction non négligeable des salariés sont des cadres et ingénieurs qui assurent les tâches de conception et de relation avec les sous-traitants. Une grande partie des cadres des services sont des expatriés venus pour l'essentiel de France ou d'Espagne. Contrairement à ces pays, où le groupe comprend une fraction importante de magasiniers, la logistique se réduit au Mexique à une dizaine de salariés, les activités de manutention étant sous-traitées. Cette implantation récente du groupe dans le pays offre un

12. Massimo F., "A Struggle for Bodies and Souls: Amazon Management and Union Strategies in France and Italy", in Alimahomed-Wilson J., Reese E. (eds.), *The Cost of Free Shipping. Amazon in the Global Economy*, Londres, Pluto Press, 2020, pp. 129-144.
13. Du Gay P., *Consumption and Identity at Work*, Londres, Sage, 1996 ; Bank Muñoz C., Kenny B. et A. Stecher, *Walmart in the Global South. Workplace Culture, Labor Politics, and Supply Chains*, Austin, University of Texas Press, 2018. Sur Decathlon et sa place dans la galaxie Mulliez, voir notamment Boussemart B., *La richesse des Mulliez. L'exploitation du travail dans un groupe familial*, Auchy-lez-Orchy, Éditions Estaimpuis, 2008.
14. Bosvieux-Onyekwelu C., Boussard V., « Moraliser le capitalisme ou capitaliser sur la morale ? », *op. cit.*
15. Decathlon est une entreprise mixte où la part des femmes est légèrement inférieure à celle des hommes. À l'échelle globale, le groupe revendique la proportion de 46,3 % de femmes parmi ses salariés (source : Déclaration de performance extra-financière 2022). Les hommes sont surreprésentés dans les positions d'encadrement. Par exemple, en 2023, seuls trois magasins mexicains sur quatorze sont dirigés par une femme. Quand le masculin est employé dans l'article, il faut donc l'entendre au sens d'un masculin générique reflétant ces rapports de pouvoir, que nous balançons par endroits en recourant aux formules épicènes ou aux doubles sujets.

contexte d'observation pertinent. Elle donne en effet à voir beaucoup plus directement la politique que l'entreprise développe pour recruter et stabiliser une main-d'œuvre locale en la socialisant à sa culture. Dans le même temps, ce terrain offre l'occasion de se demander dans quelle mesure la politique de promotion de la citoyenneté de Decathlon s'adapte aux contextes locaux, et ce alors que le champ des relations de travail au Mexique, marqué par l'héritage corporatiste [16], est en plein bouleversement [17]. Entrée en vigueur en 2019, une réforme du droit fédéral du travail (*reforma laboral*) oblige les employeurs à soumettre l'ensemble des contrats collectifs d'entreprise signés avec les syndicats à un vote de légitimation des salariés [18]. Cette ambition politique de « démocratiser » les relations sociales suscite selon certains observateurs des opportunités de renouveau syndical dans les entreprises [19].

Dans ces conditions, dans quelle mesure les autorités de Decathlon parviennent-elles à façonner les formes légitimes de la participation politique et sociale ? Nous essaierons de répondre à cette question en deux temps, en nous appuyant sur une enquête conduite entre 2021 et 2023 (*cf.* encadré [20]). Nous montrerons d'abord que l'entreprise produit une offre d'engagements autour de la RSE qui entre en résonance avec les dispositions de certains, et surtout de certaines salariées, et constitue un support de promotion sociale et professionnelle. Ces rapprochements autour d'une conception communautaire de l'entreprise citoyenne coïncident avec une mise à distance de la représentation collective des salariés, comme le montrera la seconde partie en revenant sur la façon dont l'entreprise s'accommode d'une reconnaissance syndicale restée largement formelle. Plutôt que d'opposer ces deux registres d'engagement, nous montrerons ainsi qu'ils se définissent mutuellement et témoignent l'un comme l'autre d'une sorte de managérialisation des pratiques civiques.

---

16. Au Mexique comme ailleurs en Amérique Latine, le développement du syndicalisme au XXe siècle est indissociable de son intégration à l'État et au système politique. Dans ce pays, l'émergence de puissants syndicats légalement reconnus et dotés d'un pouvoir de négociation important s'est imposée comme un outil permettant à l'État de canaliser la conflictualité du travail et d'assurer l'intégration des travailleurs et des travailleuses à la communauté nationale. Sur le sujet, *cf.* Collier D., Collier R. B., *Shaping the Political Arena: Critical Junctures, the Labor Movement, and Regime Dynamics in Latin America*, Princeton, Princeton University Press, 1991 ; Bensúsan G., Middlebrook K., *Sindicatos y política en Mexico: cambios, continuidades y contradicciones*, Mexico, FLACSO, 2013.
17. Bensúsan G., Middlebrook K. J., "Cambio político desde afuera hacia adentro. Influencia comercial estadounidense y reforma de los derechos laborales en México", *Foro internacional*, vol. LX, n° 3, cuad. 241, 2020, pp. 985-1039.
18. Yon K., « Extension du domaine de la lutte : le rôle des syndicats états-uniens dans la réforme du travail au Mexique », *Mouvements*, n°110-111, 2022, pp. 90-97.
19. Marinaro P., Ness I., "Introduction: Mexican Labor Movement in Transformation", *Journal of Labor and Society*, 2019, n°22, pp. 5-7 ; Hermanson J., "Mexican Labor's New Deal and the Promise of North American Solidarity", *New Labor Forum*, vol. 32, n°1, pp. 14-22 ; Quintero Ramirez C., *Trabajadores, sindicatos y activistas en la frontera norte de México. Un mapeo laboral actualizado*, Tamaulipas, El Colegio de Tamaulipas / AMET, 2023.
20. Nous avons séjourné au Mexique grâce au soutien du programme CITINDUS (Projet ANR 18-CE26-0019) et du dispositif de support à la mobilité internationale de l'Institut national des sciences humaines et sociales du CNRS.

Enquêter en expatriés : les ambivalences d'une enquête de terrain au Mexique

L'enquête auprès de Decathlon a été menée collectivement et s'est déployée en France, en Tunisie, au Mexique et, dans une moindre mesure, au Sénégal et en Espagne. Nos premières entrées sur le terrain n'ayant pas suscité de résistances, l'enquête s'est déroulée de proche en proche sans avoir jamais dû négocier notre dispositif de recherche avec les autorités centrales de l'entreprise. Nous avons toujours enquêté à découvert, sans jamais dissimuler notre identité de sociologues, mais nous avons pu mener la recherche librement. C'est le cas au Mexique, où l'enquête, réalisée à l'occasion d'un séjour de recherche entre août et novembre 2021, poursuivie à distance l'année suivante et actualisée sur le terrain en mai 2023, a bénéficié de notre inscription dans le microcosme social et géographique que dessine le réseau des cadres expatriés français de la ville de Mexico. Comme développé ailleurs [21], ce mode d'entrée sur le terrain s'est avéré ambivalent. D'une part, il a rendu possible le recueil, en un temps relativement restreint, d'un matériau empirique conséquent. Celui-ci se compose d'observations assez diverses de sociabilités professionnelles et d'évènements organisés par l'entreprise – des plus formels (inauguration d'un magasin) aux plus informels (fête d'anniversaire privée du directeur général de la filiale) – et d'une soixantaine d'entretiens avec divers acteurs, dont 38 salariés (ou anciens salariés) de Decathlon Mexique (22 hommes, 16 femmes ; 27 de nationalité mexicaine, 7 de nationalité française et 4 autres de nationalité espagnole, belge ou colombienne), de statuts sociaux et professionnels divers : 7 vendeuses et vendeurs, 5 responsables de rayon, 5 directrice et directeurs de magasin, 7 salariés de la logistique et 14 salariés des services. En dehors des entretiens avec des salariés français, tous les entretiens réalisés à cette occasion l'ont été en espagnol et les extraits cités dans l'article ont été traduits par nos soins. Certaines personnes ont été interrogées à plusieurs reprises, en 2021 et 2023. Ce mode d'entrée sur le terrain nous a donné accès à des personnes occupant des positions stratégiques moins facilement accessibles en France telles que celles de directeur pays ou de directeur financier. Il nous a aussi permis de recueillir aisément la parole de travailleurs et travailleuses disposées à jouer le jeu de l'entreprise. *A contrario*, l'enquête ne nous a permis d'accéder que de façon partielle et indirecte aux pratiques variées de micro-résistances au travail (vols, absentéisme, etc.) et aux scènes où se donnent à voir les fissures de « l'entreprise citoyenne ». À la différence d'autres pays d'Amérique latine comme le Chili ou l'Uruguay, Decathlon Mexique n'avait pas connu, au moment de l'enquête, de formes ouvertes et collectives de conflits du travail qui auraient pu offrir d'autres voies d'entrée sur le terrain.

21. Rouxel P., Yon K., "De Francia a México: lecciones de un estudio de campo en una empresa transnacional", communication au colloque « Violence(s) et pratiques du terrain au Mexique », CEMCA/CESIAS, Mexico, 19 mai 2023.

Servir la société en servant l'entreprise : le façonnage du « bon Decathlonien »

Dimanche, 9 heures, au sud de la ville de Mexico. La responsable « Développement durable » de Decathlon Mexique, Marie-Sixtine, nous a invités à participer à une opération de nettoyage des rives d'un canal, dans un quartier en cours de rénovation. Il s'agit d'une déclinaison locale du « World Clean Up Day », opération planétaire organisée chaque année pour lutter contre la pollution à travers des nettoyages citoyens, et à laquelle Marie-Sixtine avait pris l'habitude de participer en France. À notre arrivée, plusieurs dizaines de personnes sont déjà sur place, parmi lesquelles une trentaine de salariés de Decathlon (quelques cadres expatriés, des responsables de rayons appelés dans le pays *líderes coach* et une majorité de jeunes vendeurs et vendeuses de magasins des environs), accompagnés pour certains par leurs parents ou conjoint. Après une courte prise de parole insistant sur l'importance de faire attention à la planète *via* les « petits gestes » du quotidien, nous sommes répartis en différentes équipes, affectés à différentes tâches : ramassage des déchets, aménagement d'une allée, déblayage de gravats. Notre présence est rendue bien visible. Chaque participant est invité à porter un T-shirt floqué « Decathlon Sustentabilidad » (« Decathlon Développement durable »), des drapeaux aux couleurs de l'entreprise sont disposés en différents endroits, tandis que la petite équipe d'une agence de communication circule parmi nous pour immortaliser l'évènement. Au bout d'une heure et demie, l'ensemble des participants est invité à se rassembler de nouveau au point de départ. Une collation est offerte aux participants, tandis que des activités sportives sont organisées et animées avec un grand enthousiasme par les salariés de Decathlon, en première ligne desquels se retrouvent les *líderes coach*. Pendant qu'un de ces jeunes cadres locaux prend la parole pour remercier les participants et clore l'événement, Marie-Sixtine dresse avec nous un premier bilan. L'évènement du jour fait suite à un précédent organisé en 2019, avant la pandémie, qui était resté beaucoup plus confidentiel. Il a cette année gagné en visibilité grâce à l'aide d'une jeune vendeuse qu'elle a récemment recrutée à mi-temps pour la seconder dans son travail. Marie-Sixtine est satisfaite : la présence d'un public nombreux sonne pour elle comme une réussite. Certes, en ce dimanche matin, elle a plus ou moins « obligé » les salariés présents à venir. Mais un évènement de ce type est, selon elle, une manière de créer du lien entre ces jeunes recrues, dont le risque est qu'une partie importante quitte assez rapidement l'entreprise. De fait, on les a vus manifester leur bonne volonté dans les activités de nettoyage puis se lancer avec entrain dans les animations sportives (Cahier de terrain, 26/09/2021).

Comme le suggère ce compte-rendu d'observation, le positionnement de l'entreprise comme un « opérateur de bienfaisance [22] » n'est pas seulement une affaire de discours. En plus de donner un sens moral aux succès commerçants de l'entreprise, Decathlon encourage son personnel à développer des pratiques civiques détachées des prescriptions directement liées au poste de travail. Opération de nettoyage des rives d'un canal dans la ville de Mexico, mais aussi initiation des enfants malades du cancer aux règles et à la pratique du volley-ball à Guadalajara, pratique du badminton et du frisbee avec des jeunes filles de la commune défavorisée d'Ecatepec dans l'État de Mexico, jeux sportifs « inclusifs » en partenariat avec une équipe de foot LGBTQ dans un stade de Mexico : au cours de nos séjours, nous avons eu l'occasion de participer à une diversité d'initiatives mettant en lumière la vocation sociale et citoyenne de Decathlon. Les personnes rencontrées nous ont parlé d'autres projets, mis en œuvre ou en cours de conception dans différents magasins, comme l'embauche ciblée de personnes en situation de handicap, le recyclage des déchets et des produits invendables, ou la réinsertion sociale de jeunes sortis de prison. À travers ces projets soutenus par la Fondation ou entrant dans le périmètre de la politique RSE de l'entreprise, Decathlon se donne à voir, au Mexique plus encore qu'en France, comme une « entreprise citoyenne » exemplaire. L'affirmation de cette façade « civique » et « responsable » ne se résume pas à une politique descendante venant de la direction d'entreprise vers les salariés, et encore moins à « un écran qui cache la réalité [23] ». Elle suppose un engagement actif de la part de celles et ceux qui sont appelés à incarner et représenter l'entreprise et doit donc plutôt être analysée comme la rencontre entre une offre d'engagement, formulée au nom de l'entreprise par une frange spécifique de cadres expatriés, et les aspirations de salariés, plus souvent des femmes, occupant des positions subalternes (vendeurs et vendeuses, responsables de rayon) et plus disposées que d'autres à se reconnaître dans ces appels à l'engagement.

Les ressorts sociaux et religieux du dévouement

Chez Decathlon Mexique, la dimension sociale et citoyenne de l'entreprise est particulièrement incarnée par Marie-Sixtine, une cadre française expatriée. Âgée de 34 ans, issue d'une famille aisée de région parisienne cultivant une sensibilité aux questions sociales par le biais du catholicisme, elle compte parmi la poignée de cadres à l'initiative de « l'aventure » de Decathlon dans le pays. Dans la foulée d'études de droit au King's College de Londres et dans une université parisienne, Marie-Sixtine entre à Decathlon en 2012 comme juriste dans le service « Développement durable » situé dans la métropole lilloise, au siège du groupe. Chargée un temps de l'accompagnement des

22. Bory A., Lochard Y., *op. cit.*, p. 46.
23. Codaccioni V., Maisetti N., Pouponneau F., « Les façades institutionnelles : ce que montrent les apparences des institutions », *Sociétés contemporaines*, n°88, 2012, p. 7.

nouveaux pays d'implantation, elle y fait la connaissance du futur directeur de Decathlon Mexique. Attirée par une expérience professionnelle à l'étranger et par la perspective de contribuer au développement du sport dans un pays en développement, elle rejoint sa petite équipe dès 2016. Si ses premières années mexicaines la mobilisent sur des tâches diverses, touchant aussi bien à l'environnement juridique de l'entreprise qu'aux ressources humaines ou à des aspects pratiques liés à l'ouverture de magasins, elle « fait du *backup* » sur les sujets sociaux et environnementaux, auxquels elle se consacre à plein temps lorsqu'un poste spécifique est créé pour piloter la politique RSE en 2019. Elle attache une grande importance à cette politique dont elle souligne le « rôle de transmission culturelle, des savoir-faire, des savoir-être, des valeurs de Decathlon [24] ».

Valorisées par la hiérarchie, ces initiatives organisées autour de la RSE rencontrent également un écho parmi les salariés mexicains. Le récit de l'opération de nettoyage du canal constitue de ce point de vue un exemple parmi d'autres de la ferveur investie dans ces activités. D'où vient cet enthousiasme decathlonien ? Le profil des salariés, très jeunes et souvent encore en études, ainsi que le goût de la pratique sportive qui les a souvent rapprochés de l'entreprise [25], expliquent en partie ces formes d'investissement reposant sur le brouillage de la frontière entre les activités relevant du travail et les loisirs. Les propos de Johana, 26 ans, directrice d'un magasin situé dans le nord de l'État de Mexico, en donnent une bonne illustration. Elle conçoit la participation à une journée de la Fondation organisée avec des associations partenaires à Ecatepec comme une occasion d'être utile, tout en se divertissant :

> « C'est ce que je leur ai dit [à son équipe], quand nous sommes descendus de la voiture : aujourd'hui nous allons nous amuser, nous allons vivre Decathlon, mais nous devons nous amuser ! On représente Decathlon, mais on va s'amuser comme des fous pour que ces filles, ces enfants voient que le sport n'est pas quelque chose qu'il faut faire avec une super tenue, ou avec une super raquette, mais qu'il s'agit seulement de s'amuser [26]. »

À cet égard, les initiatives organisées autour de la RSE constituent, avec d'autres événements plus classiques tels que les réunions mensuelles ou semestrielles d'équipe assorties d'un repas et de pratiques sportives partagées, un vecteur important de la politique des ressources humaines. Elles permettent de repérer les salariés les plus disposés au dévouement et susceptibles de devenir

---

24. Entretien, 21/09/2021.
25. De ce point de vue, les propriétés des salariés diffèrent peu entre la France et le Mexique. Sur le rôle de la passion sportive dans l'engagement decathlonien en France, *cf.* Dalla Pria Y., Leroux N., « "La vie en bleu". La construction de l'engagement organisationnel des cadres d'une enseigne de la grande distribution d'articles de sport », *op. cit.*
26. Entretien, 3/11/2021.

cadres et fonctionnent plus largement comme un outil de fidélisation de la main d'œuvre : « c'est clair que l'effet principal, c'est l'effet de fidélisation et d'attachement à l'entreprise, ça c'est clair et net. Oui, de fierté, de fierté de l'entreprise », nous dit Marie-Sixtine [27].

Si l'on considère les salariés les plus engagés dans ces activités, qui y investissent du temps pour les organiser ou leur donner une continuité, des propriétés distinctives se dégagent. Nombre d'entre elles et eux ont déjà connu des expériences de bénévolat, au regard desquelles les actions engagées au sein de Decathlon paraissent constituer un prolongement naturel. Parmi ces socialisations au bénévolat se détache nettement la pratique religieuse. Si la religiosité est bien plus marquée et visible dans l'espace public au Mexique qu'en France, on a souvent trouvé parmi nos enquêtés plus qu'un sentiment religieux : de véritables engagements, producteurs de savoir-faire bénévoles et de dispositions à la bienfaisance. L'engagement de Mauricio, vendeur au sein du magasin de Guadalajara, dans le projet de partenariat avec une association de soutien aux enfants malades du cancer, prend ainsi sens dans la continuité de ses pratiques apostoliques. Âgé d'une vingtaine d'années, issu d'une famille modeste, il se distingue au sein de sa famille par l'intensité de son engagement catholique. Dès l'âge de onze ans, il assiste le prêtre de sa paroisse dans son travail quotidien. Il est membre du Movimiento de Jornadas de Vida Cristiana, un mouvement de jeunesse catholique où il a rencontré sa conjointe et dont il assume la fonction de « coordinateur d'apostolat », organisant plusieurs fois par an diverses activités « de service » à des populations vulnérables (visites à domicile, distributions de repas, etc.). Diplômé d'une licence d'éducation physique et sportive, il se destinait à l'enseignement mais, suite aux coupes dans les budgets éducatifs entraînées par la pandémie, il a été contraint à se réorienter vers Decathlon. Il voit dans le bénévolat d'entreprise un prolongement de son engagement religieux autant qu'une « respiration » par rapport au travail en magasin : ayant pris en charge, dans le projet, les « formations » de sensibilisation aux différents sports, on peut supposer qu'il y trouve aussi un moyen de répondre à ses aspirations professionnelles contrariées.

L'engagement religieux prend aussi la forme du scoutisme et se combine alors à un rapport à la nature qui entre en résonance avec le discours environnementaliste de l'entreprise. Kimberly et Andrea, deux jeunes vendeuses (19 et 22 ans) dans le magasin de Merida, à l'extrémité orientale du pays, porteuses d'un projet candidat au soutien de la Fondation d'entreprise, sont, parmi d'autres salariés, entrées à Decathlon par ce canal [28]. Rappelant la devise du mouvement (« Dios, Patria y Hogar », pour « Dieu, Patrie et Foyer »), elles soulignent à quel point le scoutisme constitue aussi un cadre d'apprentissage en matière de gestion de projets et de dispositions à l'entreprise de soi qui sont

27. Entretien, 21/09/2021.
28. Entretien, 19/10/2021.

valorisées dans l'entreprise. Le projet qu'elles défendent s'inscrit d'ailleurs dans la suite directe d'expériences entamées dans le mouvement scout : il s'agit de conclure un partenariat entre leur magasin et une organisation œuvrant à la réinsertion sociale des jeunes détenus, qu'Andrea connaissait *via* le scoutisme.

Cet engagement religieux se retrouve à tous les niveaux de l'entreprise, des simples vendeuses et vendeurs jusqu'aux cadres du siège, au point qu'on puisse avancer l'hypothèse qu'il constitue un critère de sélection spécifique, en complément des compétences sportives et de l'inscription dans les filières universitaires du sport, de la santé et du commerce qui constituent, comme en France, les canaux privilégiés de recrutement [29]. Javier, directeur du magasin de Querétaro, qui se présente comme le premier Mexicain à signer un contrat avec l'entreprise en 2015, met ainsi en avant les quatre qualités ayant permis son recrutement : un diplôme en commerce international, le goût du sport, une connaissance partielle de la langue française et l'implication dans sa paroisse ; celle-ci a selon lui retenu l'attention de ses recruteurs, qui y ont vu une preuve d'implication et un gage de confiance [30]. L'engagement religieux est tout aussi important pour Emilio, un des rares membres de l'équipe dirigeante d'origine mexicaine. Rencontré lors du World Clean Up Day, il justifie son engagement dans cette action comme une manifestation concrète des « valeurs » de l'entreprise, qu'il partage et qui expliquent son attachement à Decathlon [31]. Fils de diplomate, il est engagé au sein d'un parti conservateur, le Parti d'action nationale (Partido Acción Nacional) et revendique « des convictions religieuses fortes, proches du christianisme, du catholicisme », qui se traduisent par des activités bénévoles au sein d'associations religieuses. L'entreprise fonctionne même pour lui comme un vecteur de renforcement de l'engagement. Il évoque ainsi sa participation à la « Fresque du climat », une sorte de séminaire pédagogique participatif destiné à sensibiliser aux enjeux du changement climatique, organisé peu de temps auparavant dans les locaux de Polanco, et sa décision dans la foulée de devenir à son tour promoteur de la Fresque, afin d'en diffuser le message « dans les milieux où [il se] trouve, ça peut être des associations religieuses, sociales, politiques ».

Engagement citoyen, affirmation de soi et ascension professionnelle

Les salariés qui s'investissent le plus durablement dans la politique vertueuse de l'entreprise partagent ainsi des propriétés qui les disposent à s'y identifier. Leur propension à s'investir dans les initiatives citoyennes est par

---

29. Dalla Pria Y., Leroux N., « "La vie en bleu"… », *op. cit.* Au-delà de l'encadrement, voir aussi Gasparini W., Pichot L., « Régulation des relations de travail et culture sportive. L'exemple des entreprises de la distribution d'articles de sport », *L'Homme et la société*, n°164-164, 2007, pp. 35-57 ; Hidry O., Bohuon A., « Faire du sport pour être embauché ? Logiques et pratiques de recrutement du personnel commercial chez Decathlon », *Staps*, vol. 4, n°82, 2008, pp. 57-70.
30. Entretien, 15/10/2021.
31. Entretien, 19/10/2021.

ailleurs d'autant plus forte que celles-ci constituent pour elles et eux un support d'affirmation de soi et d'ascension professionnelle. C'est particulièrement le cas pour de jeunes femmes salariées, nettement surreprésentées dans ces missions sociales et environnementales. Cette situation s'explique bien sûr par des logiques de socialisation genrée, qui disposent plus particulièrement les femmes à prendre en charge un travail de sollicitude (*care*) inscrit au cœur de la politique d'entreprise vertueuse. Mais elle est aussi le produit d'un travail conscient de promotion des femmes au sein de l'entreprise : au moment de notre enquête, Marie-Sixtine explicite à plusieurs reprises son intention de développer ces activités afin d'accroître la visibilité des femmes et les chances de les faire accéder à des positions de responsabilité. La structuration des activités de RSE à l'échelle du pays, quoique fragile, tend ainsi à fonctionner comme un espace de réassurance et une filière de promotion spécifique permettant, dans la logique du « féminisme de marché », de promouvoir l'intérêt des femmes sous l'angle des plus « méritantes » d'entre elles [32].

Le cas de Johana, évoqué plus haut, en donne une bonne illustration [33]. Lors de la journée organisée par la Fondation à Ecatepec, elle était sans conteste la plus enthousiaste et la plus investie. Âgée de 26 ans, elle a grandi à Querétaro, dans le centre du pays. Elle entre à Decathlon en 2018 et y travaille pendant deux ans comme vendeuse au rayon crossfit, son « sport passion », parallèlement à des études de commerce international. Elle participe à cette époque à l'un des premiers événements bénévoles organisés par le magasin, l'accueil de personnes en situation de handicap pour leur faire découvrir le sport. Elle a fait ses études secondaires dans un établissement privé religieux (« mariste ») qui accordait beaucoup d'importance aux actions de bienfaisance. Elle donne quelques exemples, comme l'organisation d'un repas de Noël au sein d'un bidonville de Querétaro et la réhabilitation d'un foyer pour enfants. Elle mentionne sa pratique religieuse régulière, sa mère très croyante (« j'ai grandi avec la religion dans ma vie »), et la continuité entre ses valeurs catholiques et celles de l'entreprise : « C'est comme l'axe principal où je trouve une connexion avec Decathlon, la générosité, le fait d'aider les gens ». Une fois diplômée de l'université, on lui a proposé de devenir responsable de rayon et, au bout de deux années supplémentaires, de prendre la tête d'un magasin dans le Nord de l'État de México. Elle accueille cette offre comme un rêve qui se réalise :

> « C'était un de mes plus grands rêves, dès que je suis entrée à Decathlon et que j'ai rencontré de nombreux Decathloniens, espagnols et français. Je disais toujours "je veux être comme eux, je veux

32. Pochic S., « Le féminisme de marché, ou comment la demande d'égalité "pour toutes" est devenue une égalité pour certaines », *Actes de la recherche en sciences sociales*, n°241, 2022, pp. 16-35.
33. Entretien, 3/11/2021.

faire ce qu'ils font." [...] La façon de transmettre le sens de Decathlon, la mission de Decathlon, les valeurs ont été très fortes pour moi et je me suis tellement intégrée que j'ai fait l'entreprise mienne, tu comprends ? Alors, à partir de ce moment-là, j'ai voulu faire la même chose avec les gens qui allaient nous rejoindre, leur transmettre d'une certaine manière le sens de Decathlon et, dans tout ce que nous faisons, l'engagement que nous avons avec la société [34]. »

Cette promotion la conduit à quitter sa ville, un choix pas évident à faire accepter à ses parents, qui la voyaient contribuer comme son frère au petit commerce familial (ils tiennent une échoppe sur un marché de Querétaro et ont construit un immeuble dont ils louent quelques appartements). Elle est la seule diplômée du supérieur dans une famille qu'elle présente comme « très traditionnelle ». Le récit de sa trajectoire peut dès lors être lu comme un parcours d'émancipation par le travail, émancipation du cadre familial et patriarcal, qui se construit à la fois dans la continuité et la rupture avec ses socialisations antérieures. Decathlon lui offre un cadre où ses dispositions au commerce et à la bienfaisance peuvent se combiner, tout en lui permettant de se détacher du milieu familial ou, plus précisément, de s'en émanciper sans le trahir.

L'engagement pour et au nom de l'entreprise revêt ainsi une signification indissociablement civique et professionnelle. En cela, l'offre d'engagement que porte l'entreprise ne « prend » pas seulement, à titre confirmatoire, auprès des salariés dont les socialisations les disposaient à y répondre. On constate aussi des effets de conversion [35] auprès de salariés qui voient l'engagement dans les missions RSE comme une manière de faire la démonstration de leur implication dans le travail. C'est le cas notamment de Sofia, vendeuse au sein du magasin de Guadalajara, à l'ouest du pays, et première « référente Développement durable » au plan national. Dépourvue de toute sensibilité particulière pour la cause environnementale, elle s'investit autour de ces enjeux à l'échelle de son magasin dans une perspective explicite de carrière :

> « Le directeur m'a mise au défi en me disant que je n'avais rien fait au-delà de mes tâches "normales" depuis deux ans. C'est à ce moment que je me suis dit, [...] personne ne s'occupe du développement durable ici ? OK, je vais m'investir là-dedans [36]. »

34. Entretien, 2/11/2021.
35. Sur la distinction entre socialisations de confirmation et de conversion, *cf.* Darmon M., *La socialisation*, Paris, Armand Colin, 2016.
36. Entretien du 9/10/2021.

Constitution d'une équipe de travail, organisation d'évènements de ramassage des déchets, mise en place d'un partenariat avec une entreprise de recyclage : cet engagement retient l'attention de son directeur de magasin, qui la nomme responsable de rayon, et lui ouvre des perspectives au-delà. En entretien, elle détaille ainsi avec enthousiasme ses rencontres avec les cadres du siège, les formations qu'elle délivre désormais sur la soutenabilité et l'éco-conception des produits à destination de l'ensemble des magasins du pays, ainsi que les différentes perspectives professionnelles qu'elle identifie désormais dans le domaine de la RSE comme sur divers postes opérationnels à l'échelle nationale. Johana et Sofia apparaissent en définitive comme des « Decathloniennes modèle » : des salariées autonomes, dynamiques et mobiles, dévouées à l'entreprise autant qu'à la communauté. Issues de milieux populaires ayant connu de petites mobilités sociales ascendantes, elles s'identifient à un modèle de réussite fondé sur l'effort personnel et le zèle au travail. Leur investissement s'accompagne d'engagements citoyens au travail qui ont pris des formes diverses mais ont en commun de conférer un sens « moral » ou « social » à leur activité professionnelle. L'identification à une entreprise étrangère transnationale les conduit en outre à penser leur ascension sociale et professionnelle comme une extraction des pesanteurs vues comme proprement mexicaines.

La mise sous tutelle de l'engagement salarial

On le voit, les pratiques d'engagement qui s'inscrivent dans la politique de RSE de l'entreprise sont à la fois mises en lumière et en valeur : les salariées sont encouragées à faire preuve d'autonomie sur ce terrain et leurs efforts se révèlent valorisables dans leur carrière professionnelle. Quel que soit son statut social et professionnel, chaque membre de la communauté d'entreprise est de la sorte invité à incarner « l'entreprise citoyenne », en participant à une politique à la fois globale et proactive illustrant les capacités d'initiative de la « société civile » indépendamment de l'État. À l'inverse, les engagements relevant d'une représentation salariale plus traditionnelle sont mis sous tutelle pour s'ajuster à cette conception communautaire de l'entreprise. Longtemps reléguée au second plan par les logiques du fonctionnement des relations professionnelles au Mexique, la question de l'existence et de la place accordée à une représentation collective du personnel s'est pourtant récemment posée avec une acuité nouvelle, à la faveur de la réforme des relations de travail et de la nécessité de faire valider les contrats collectifs par un vote libre, direct, personnel et secret des salariés concernés. De la même façon que le système des instances représentatives du personnel s'est imposé en France sans que la direction ne l'appelle de ses vœux [37], cette injonction externe pousse les responsables de Decathlon Mexique à adapter leurs modalités de gestion du fait syndical et à prolonger sur ce terrain la managérialisation des pratiques civiques.

En 2021, le syndicalisme constituait au sein de Decathlon Mexique une donnée totalement exogène aux relations de travail. Alors que la question des libertés syndicales nous est présentée par Marie-Sixtine comme un point de vigilance à l'égard des sous-traitants – vis-à-vis desquels les systèmes d'audits sociaux et les politiques RSE sont désormais largement institutionnalisés [38] –, elle est tout bonnement absente dans l'entreprise-mère. Pour les responsables du siège, le syndicalisme n'apparaît jamais autrement que comme une contrainte extérieure avec laquelle l'entreprise doit composer. Il est même présenté comme une institution parasitaire, partie prenante d'une « culture du travail » locale autoritaire et verticale, diamétralement opposée à celle de Decathlon. Comme nous l'indique une cadre du siège, il s'agit alors avant tout de s'en tenir à manifester une conformité aux normes légales qui régissent la représentation collective des salariés au Mexique : « Nous faisons ce que nous avons à faire dans le pays, légalement. Jusqu'à maintenant nous avions pu le faire en recourant au contrat de protection [39] ». La notion de « contrat de protection » évoque un phénomène caractéristique des relations professionnelles au Mexique, le « syndicalisme de protection patronale », qui s'est développé depuis le milieu des années 1980, particulièrement dans le secteur du commerce et de la grande distribution [40]. Tirant parti de leur position à la tête d'organisations reconnues par l'État – un principe hérité du corporatisme –, des syndicalistes ont transformé leur activité en une sorte de *business* juridique qui, « moyennant le paiement d'une rente, offre ses services aux patrons [41] ». Concrètement, l'employeur signe un contrat collectif qui reste le plus souvent de pure forme [42] et sans que les salariés soient informés de son existence. Le but du contrat est double : garantir la paix sociale et empêcher que d'autres syndicats puissent s'implanter [43].

Decathlon n'échappe pas à la règle : dès son implantation en 2016, l'entreprise signe un contrat collectif avec un syndicat affilié à la Federación Obrera

37. Quijoux M., Yon K., « Servir l'entreprise pour mieux défendre les salarié·es ? Les formes plurielles du syndicalisme d'entreprise dans une multinationale d'articles de sports », *Actes de la recherche en sciences sociales*, à paraître.
38. Barraud de Lagerie P., *Les patrons de la vertu. De la responsabilité sociale des entreprises au devoir de vigilance*, Rennes, Presses Universitaires de Rennes, 2019.
39. Entretien du 28/10/2021.
40. Tilly C., "Beyond Contratos de Protección. Strong and Weak Unionism in Mexican Retail Enterprises", *Latin American Research Review*, vol. 49, n°3, 2014, pp. 176-198.
41. Escobar Toledo S., *El camino obrero : Historia del sindicalismo mexicano, 1907-2017*, Mexico, Fondo de Cultura Economica, 2021, p. 192.
42. Moins de 10% des contrats collectifs enregistrés sont régulièrement révisés, *cf.* Bensúsan G., Bouzas Ortiz A. et al., *Contratación colectiva de protección en México. Informe a la Organización Regional Interamericana de Trabajadores*, Mexico, UNAM, 2007.
43. Le droit du travail mexicain se rapproche sous cet aspect du système wagnérien nord-américain : un seul syndicat peut représenter la collectivité des salariés à l'échelle d'une unité de négociation et contracter avec l'employeur, et seul le syndicat dispose du droit de déclencher une grève.

Sindical de la República Mexicana (FOSRM, pour Fédération ouvrière syndicale de la République mexicaine), dont le secrétaire général est Roberto Mendoza León. Titulaire d'une licence de droit et âgé d'une soixantaine d'années, un temps membre de la CROC [44], celui-ci est signataire de près d'un millier de contrats collectifs dans des secteurs très divers, au point d'être parfois présenté dans la presse spécialisée comme le « roi du contrat de protection [45] ». Avec un père qui l'a précédé à la tête de la fédération et une sœur et deux frères dirigeant d'autres syndicats, le rayonnement de la famille Mendoza León sur le champ syndical mexicain est comparé à celui d'un « *consortium* [46] », selon une logique assez représentative des pratiques en vigueur dans le syndicalisme corporatiste. Bien que le site internet de la FOSRM mette en valeur, photographies à l'appui, la proximité de ses dirigeants avec les travailleuses et travailleurs, un faisceau d'indices recueillis au cours de l'enquête suggère le contraire. Une visite au siège de la fédération syndicale, situé dans le quartier populaire de la Obrera, dans le centre de México, nous conduit en effet devant un bâtiment blanc de deux étages, anonyme et décrépi, sans autre affichage qu'une discrète étiquette sur la boîte aux lettres, et sans personne à l'intérieur pour nous ouvrir. Si les responsables syndicaux se dérobent face aux enquêteurs [47], leurs interactions avec les dirigeants de Decathlon ne sont guère plus importantes. Jusqu'à une date récente, Luciana, la directrice des ressources humaines, n'a en effet elle-même jamais été en contact direct avec le syndicat : « Comme c'est un syndicat de protection, je crois que même celle qui m'a précédée dans ce poste ne le connaissait pas non plus. Ça s'est fait par l'intermédiaire d'un cabinet d'avocats spécialisé dans le droit du travail [48] ».

Images 1 et 2 – Les actions des salariés autour de la RSE sont documentées et diffusées sur les réseaux sociaux (ici, à gauche, à l'occasion du World Clean Up Day). À l'inverse, le syndicalisme est tenu à distance et le plus souvent méconnu des salariés (ici, à droite, la façade anonyme des locaux de la FOSRM dans le quartier de la Obrera à Mexico). Ce contraste entre la mise en valeur de « l'entreprise citoyenne » et l'absence totale de visibilité de la « citoyenneté salariale » témoigne de la gestion différenciée des engagements au sein de l'entreprise (photos des auteurs, 2021).

Le rapport de Decathlon Mexique au syndicalisme a toutefois évolué au fil de l'enquête, à mesure que s'imposait la nécessité de mettre en œuvre la *reforma laboral*. Alors que Luciana commençait tout juste en 2021 à s'interroger sur le devenir du contrat de protection, avouant que le « meilleur scénario serait que personne ne veuille être représenté par un syndicat [49] », son discours a changé lorsque nous reprenons contact avec elle un an plus tard [50]. Son témoignage illustre alors de façon emblématique la manière dont l'entreprise internalise le droit en le managérialisant – dit autrement, en produisant des « interprétations singulières, dont l'une des caractéristiques majeures est de

44. La Confederación Revolucionaria de Obreros y Campesinos, fondée en 1952, est un des principaux piliers du régime corporatiste mexicain : elle est, avec la Confederación Regional Obrera Mexicana (CROM, fondée en 1918) et la Confederación de Trabajadores de México (CTM, fondée en 1936), affiliée au PRI (pour Parti Révolutionnaire Institutionnel).
45. "Sindicato busca poner un alto al acoso laboral de American Airlines", *El Pulso Laboral*, 29/09/2021. Selon notre décompte réalisé à partir des contrats enregistrés sur le site de l'agence fédérale du travail : https://centrolaboral.gob.mx/listado-cct-legitimados/ (consulté en mai 2023).
46. Bouzas Ortiz A. (dir.), *Propuestas para una reforma laboral democrática*, Mexico, UNAM, 2007, p. 169.
47. Après une première prise de contact avec la fédération par mail, puis WhatsApp, marquée par la défiance, et en dépit de relances répétées de notre part, aucun représentant syndical n'a accepté de nous rencontrer. Les tentatives supplémentaires engagées lors de notre retour sur le terrain en mai 2023 n'ont pas été plus fructueuses.
48. Entretien du 28/10/2021.
49. *Ibid.*
50. Entretien du 28/09/2022.

ménager les intérêts et le pouvoir des dirigeants organisationnels [51] ». En effet, la réforme conduit notre interlocutrice à réévaluer l'utilité de cet interlocuteur syndical. Celui-ci étant en charge des contrats collectifs d'autres grandes enseignes internationales comme Ikea ou H&M, des échanges avec les conseillers juridiques de Decathlon Mexique et avec certains de ses homologues du secteur la convainquent de maintenir un partenariat avec lui. Dans les mois qui suivent, des réunions de présentation du syndicat et d'affiliation à celui-ci sont coorganisées dans les différents magasins : « mais nous n'intervenons pas », précise-t-elle. Rendues obligatoires et planifiées longtemps à l'avance par le management, ces réunions sont l'occasion pour le syndicat de mettre en avant, aux côtés d'un représentant du siège, la diversité des services qu'il offre aux adhérents (assistance juridique, prestations sociales, etc.) et ses actions dans d'autres enseignes de la distribution. Un vote des salariés est ensuite organisé dans les semaines suivantes pour valider un contrat collectif fédéral, qui couvre désormais l'ensemble des sites du groupe dans tout le pays depuis la fin 2022 [52] :

> « Le progrès, c'est que nous sommes maintenant légitimés. Il y a eu [...] tout un processus de communication, d'abord avec les directeurs de magasin, où nous leur avons expliqué, d'abord la réforme, comment nous étions avant et comment nous sommes maintenant, qu'en réalité on travaillait déjà avec un contrat collectif, sauf que personne ne le savait, [...] comment la vie allait être à partir de ce moment-là, bon, sans grand changement. Les choses continuent à l'identique, l'employeur est toujours Decathlon, les problèmes sont toujours traités en interne... et le syndicat à la rigueur peut servir à quelque chose quand on n'arrive pas à se mettre d'accord en interne, l'employé peut aller le voir, d'accord ? Mais l'idée est que tout soit traité en interne [53]. »

À la différence d'autres secteurs où la séquence de certification syndicale est parfois l'occasion d'une compétition entre plusieurs syndicats se disputant le soutien des salariés [54], la syndicalisation est ici « coproduite » par la direction de l'entreprise, le syndicat et le cabinet d'avocats, dans le prolongement des pratiques ayant permis la mise en place du contrat de protection quelques années auparavant. En septembre 2022, alors que le processus de légitimation était en cours, Luciana soulignait son engagement dans le repérage de « leaders

51. Edelman L., « L'endogénéité du droit », in Bessy C., Delpeuch T., Pélisse J. (dir.), *Droit et régulations des activités économiques : perspectives sociologiques et institutionnalistes*, Paris, LGDJ, 2011, p. 92.
52. Avant ce vote de légitimation, les contrats collectifs étaient signés au niveau de chaque établissement.
53. Entretien du 9/05/2023.
54. C'est notamment le cas dans les industries maquiladoras, par exemple chez les équipementiers automobiles. *Cf.* Yon K., « Extension du domaine de la lutte... », *op. cit.*

positifs » – « des gens qui font bien leur travail, qui sont engagés dans l'entreprise [55] » – pour endosser le rôle de représentant des employés, selon une démarche analogue à celle observée en France, où les élus du personnel sont souvent sollicités par l'encadrement local pour assumer une « mission » supplémentaire au service de l'entreprise [56]. En d'autres termes, l'action syndicale est avant tout saisie selon une logique communautaire, qui ne reconnaît pas l'existence d'intérêts distincts et potentiellement conflictuels entre employeur et salariés. Alors qu'il est parfois convenu d'opposer des engagements légitimes, situés dans l'orbite de la RSE, et d'autres disqualifiés, sinon impensables, qui relèvent d'une représentation salariale plus traditionnelle [57], le cas de Decathlon met en lumière une gestion certes différentielle des engagements mais qui découle d'une même logique : celle d'une managérialisation des pratiques civiques.

Du reste, présenté comme étant en cours en septembre 2022, le processus d'identification des « leaders positifs » n'a pas abouti quand nous revenons sur le terrain en mai 2023. Les seuls représentants mis en place sont les « représentants de zone », c'est-à-dire les délégués du syndicat, extérieurs à l'entreprise, que les salariés sont susceptibles de solliciter en cas de problème. Les représentants du personnel internes à l'entreprise, appelés à être des points de contact privilégiés du syndicat, n'ont toujours pas été désignés. Dans le sillage du « syndicalisme fantôme [58] » accompagnant les contrats de protection, la réalité du nouveau système de représentation du personnel est encore évanescente. Le contrat collectif signé le 21 octobre 2021, légitimé et enregistré sur le site de l'administration fédérale du travail l'année suivante, évoquait ainsi la mise en place sous 90 jours des commissions mixtes prévues par la loi. En entretien, un cadre du siège reconnaissait déjà à demi-mots l'existence purement formelle de ces instances : « on sait qu'au Mexique les pratiques sont aussi de l'ordre de… "bon, tu signes là, ok ?!" [il rit] Mais nous voulons inverser la tendance et en faire une véritable pratique [59]. » Plus largement, alors que la *reforma laboral* a été conçue comme un moyen d'en finir avec les contrats de protection, le texte légitimé semble pourtant en conserver tous les atours : les prescriptions qu'il contient correspondent en effet au plancher du droit du travail garanti par la loi fédérale et sont en réalité en-deçà de ce que l'entreprise accorde déjà aux salariés [60], quand elles ne sont pas en décalage total avec la réalité effective des pratiques de travail [61].

---

55. Entretien du 28/09/2022.
56. Quijoux M., Yon K., « Servir l'entreprise pour mieux défendre les salarié·es ?… », *op. cit.*
57. Cette opposition est parfois reprise dans les rares études qui étudient de front l'action syndicale et le mécénat d'entreprise, *cf.* Bory A., « Syndicaliste et/ou bénévole : mécénat d'entreprise et engagement dans le monde de l'entreprise », *La Revue de l'IRES*, n°57, 2008, pp. 141-167.
58. Bensúsan G., Middlebrook K., *Sindicatos y política en Mexico…*, *op. cit.*, p. 48.
59. Entretien du 28/10/2021.
60. Le contrat stipule que les salariés ont droit aux congés payés prévus par la loi (soit à l'époque 6 jours au bout d'un an d'ancienneté), alors que Decathlon accordait déjà 18 jours en s'alignant sur la Convention 132 de l'Organisation internationale du travail.

Si l'entreprise citoyenne se veut respectueuse des normes, on voit bien que la conformité aux normes légales est filtrée par une norme sociale implicite au Mexique qui légitime un rapport « relâché » au droit, distinguant d'une part l'affichage de la conformité aux règles (et de l'attachement aux valeurs qu'elles expriment), et d'autre part leur transcription dans la réalité des relations sociales. Il ne s'agit pas toujours d'échapper aux normes juridiques au nom du moins-disant social, l'entreprise garantissant parfois de meilleures conditions à ses salariés. La logique semble ici plutôt de préserver l'idée que l'entreprise soit la seule puissance régulatrice légitime : de défendre le paternalisme d'entreprise face à la tutelle de l'État corporatiste. Quoi qu'il en soit, la citoyenneté industrielle reste dans une large mesure une « citoyenneté imaginaire [62] ».

Un syndicalisme tenu à distance

Dans ces conditions, il n'est guère surprenant que la plupart des salariés, dans les magasins ou au siège, aient longtemps manifesté une totale incompréhension quand nous les questionnions sur leur rapport au syndicalisme. Cette situation tient pour partie aux caractéristiques des salariés, qui sont issus de milieux sociaux plutôt distants du syndicalisme ouvrier (petits indépendants, professions libérales, cadres du public ou du privé), et par leur âge, nombre d'enquêtés connaissant avec Decathlon leur première expérience professionnelle, autant de caractéristiques déjà constatées en France [63]. À l'inverse, la poignée d'employés de la logistique, à la fois plus âgés et issus de milieux plus ouvriers, témoignaient d'une connaissance au moins rudimentaire du fait syndical [64]. Napoleón, 43 ans, sans avoir jamais été syndiqué, le présente en ces termes :

> « Je sais qu'ils, comment on dit ?... qu'ils font respecter les horaires, des choses comme ça. Je ne sais pas, c'est juste que, comme je l'ai dit, je ne l'ai jamais été [syndiqué]. Je sais juste que, qu'ils prélèvent une commission aussi ! [il rit] Non, les droits du travail, ils les protègent, mais je ne l'ai jamais été. »

Juan, de vingt ans son cadet, a rencontré le syndicalisme dans une usine d'ameublement où il a travaillé quelque temps. Il l'associe à une période révo-

61. Les horaires de travail sont par exemple fixés du lundi au samedi de 9 à 13h et de 14 à 17h, alors que les magasins sont ouverts en continu toutes les journées de la semaine ainsi que le dimanche.
62. Escalante Gonzalbo F., *Ciudadanos imaginarios. Memorial de los afanes y desventuras de la virtud y apología del vicio triunfante en la república mexicana. Tratado de moral publica*, Mexico, Colmex, 1992. Sur les limites de la citoyenneté au travail dans le cadre du régime corporatiste mexicain, voir Arteaga Garcia A. (dir.), *Trabajo y ciudadania: una reflexión necesaria para la sociedad del siglo xxi*, Mexico, UAM, 2010.
63. Quijoux M., Yon K., « Servir l'entreprise pour mieux défendre les salarié·es ?... », *op. cit.*
64. Sept entretiens ont été réalisés avec le responsable de l'entrepôt et six salariés de la logistique et du e-commerce, lors d'une visite de l'entrepôt le 29/11/2021.

lue, car seule la partie de la main-d'œuvre la plus âgée était syndiquée : « à mon âge, il n'y a presque plus de syndicats, on n'est plus tellement dans les syndicats [*mezclados con sindicatos*] ». Quant à Manuel, 37 ans, il évoque son expérience dans une usine de fabrication de bouteilles en verre :

> « J'y ai été pendant une petite année, ils nous parlaient de questions de sécurité, de ce qu'étaient nos droits en tant que travailleurs, nos obligations. Mais très, très hermétique, très rigide, non ? Genre, si tu leur faisais un commentaire, ils ne le prenaient pas bien... »

Il en a retenu que les syndicats sont plus là « pour créer des problèmes que pour les résoudre ». Cette relative connaissance du syndicalisme parmi ces salariés s'explique par leurs expériences de travail en contexte industriel, où les chances d'être confronté à une activité syndicale réelle sont plus fréquentes. Ces expériences les ont toutefois disposés à manifester à l'égard des syndicats une opinion pour le moins contrastée.

Seule exception hors de la logistique lors de notre premier séjour en 2021 : Irene, responsable de rayon dans un magasin du centre du Mexique. Elle est alors la seule à tenir un discours articulé sur le syndicalisme, évoquant un âge d'or des syndicats qu'elle fait remonter aux années 1970 et le développement, depuis plusieurs décennies, d'une politique d'externalisation (*outsourcing*) qui aurait servi à « casser les syndicats [65] ». Mais sa connaissance, toute théorique, attestait de sa politisation à gauche et de sa culture en sciences sociales plus que d'une expérience pratique personnelle. Âgée d'une trentaine d'années, issue d'un milieu relativement privilégié (son père est comptable public), Irene a rencontré les réseaux de solidarité avec le zapatisme au milieu des années 2000, alors qu'elle est en rupture familiale. Elle s'investit dans ce mouvement pendant une douzaine d'années et s'y politise : elle décide, à la fin des années 2000, de suivre des études d'économie, en abordant cette discipline, nous dit-elle, comme une science sociale critique du néolibéralisme. Une fois diplômée, elle travaille dans le milieu universitaire, au sein de l'administration d'abord, puis comme assistante de recherche. La pandémie lui fait perdre son emploi en même temps qu'elle ruine ses parents, avec qui elle s'était réconciliée. Au même moment, son père tombe gravement malade. C'est dans ce contexte de brutale détérioration de la condition économique de toute la famille qu'Irene doit chercher un travail pour venir en aide à ses parents et contribuer aux frais médicaux de son père. Après avoir cumulé plusieurs emplois dans la restauration, Decathlon lui apparaît comme une solution inespérée, qui lui propose un emploi de cadre. Irene travaille alors 48 h par semaine, avec un jour de repos par semaine qui n'est jamais le week-end. Pour autant, et en dépit de sa culture syndicale, elle n'exprime aucune velléité d'engagement sur ce plan. Elle précise :

65. Entretien du 9/10/2021.

> « Je pense que l'entreprise n'a pas souhaité de syndicat, mais les salariés non plus. La vérité, c'est que Decathlon te donne un contrat direct, que tu as la sécurité sociale et d'autres choses qu'il n'y a pas dans d'autres endroits. Y compris sur le salaire, qui est ici un peu plus élevé que le salaire minimum horaire au Mexique [66]. »

Les discours tenus par les enquêtés sur leur travail soulignent ainsi leur « chance » de travailler à Decathlon, qui se traduit par des niveaux de salaire plus intéressants et par des conditions de travail plus avantageuses (en termes de congés payés ou de temps de travail) que dans le reste du secteur de la distribution, ainsi que par des responsabilités, une autonomie de décision et des possibilités d'évolution de carrière d'autant plus importantes que l'entreprise est encore jeune et reprend son essor après l'interruption liée à la pandémie [67].

Dès lors, quand bien même le syndicalisme est pensé, l'engagement syndical apparaît impensable. Le cas d'Irene en est une bonne illustration, au sens où ses dispositions à l'engagement s'orientent dans une autre direction. Au moment où nous l'interviewons, elle participe depuis plusieurs mois au partenariat avec l'association qui vient en aide, avec le soutien de la Fondation Decathlon, aux enfants malades du cancer. Une fois par mois, Irene se rend avec d'autres collègues de son magasin dans les locaux de l'association pour passer une journée avec les enfants, leur faire en classe la présentation d'un sport et le pratiquer ensuite avec elles et eux. Cette pratique résonne avec ses expériences antérieures, de la découverte récente de la maladie de son père aux pratiques de bénévolat caritatif de sa famille très religieuse, jusqu'à la défiance toute zapatiste à l'égard des institutions qui gravitent autour de l'État corporatiste. Cette distance critique vis-à-vis de l'action publique la conforte par ailleurs dans ses engagements : quelques mois auparavant, l'association partenaire de Decathlon avait vivement dénoncé la politique du gouvernement, accusant le président mexicain, Andres Manuel Lopez Obrador, d'avoir privé les enfants de leur traitement anti-cancer à cause de ses velléités de réguler l'industrie pharmaceutique. Irene se dit d'ailleurs « apolitique », non pas au sens où la politique n'aurait pas d'importance (« on ne peut pas s'extraire des dynamiques politiques et économiques », précise-t-elle), mais au sens où elle n'a confiance en aucun parti et considère que le changement de cap revendiqué par le président mexicain, notamment en matière de réforme des relations de travail, relève de la pure rhétorique.

De retour sur le terrain en 2023, la *reforma laboral* a quelque peu changé la donne : les salariés ont entendu parler du syndicat et comprennent nos

66. *Ibid.*
67. Si l'entreprise se veut mieux-disante par rapport au droit du travail mexicain, les conditions de travail y restent évidemment nettement moins avantageuses qu'en France (en termes de salaires, d'horaires de travail, de congés payés…).

questions sur le sujet, tout du moins celles et ceux qui étaient présents au moment du vote de légitimation. Pour autant, le syndicalisme ne leur apparaît pas davantage comme un cadre d'engagement. Le processus de reconnaissance du syndicat s'est opéré sans remettre en cause la conception communautaire de l'entreprise valorisée par le management de Decathlon. Interrogés sur le sujet, les salariés justifient ainsi leurs votes en mettant en avant l'offre de services apportée par le syndicat et sa distance vis-à-vis d'une pratique « idéologique » et « conflictuelle » prêtée à certaines organisations, notamment dans le secteur public : « la peur des collègues, c'était qu'ils nous obligent à aller à des manifestations », indique un vendeur d'un magasin du sud de Mexico [68]. Bien qu'elles aient permis de rendre visible le syndicat titulaire du contrat collectif, les réunions de présentation organisées dans les magasins ont mis l'accent sur les prestations nouvelles apportées par le syndicat, à l'instar de bons d'achats, d'aides financières ponctuelles ou de soutien aux projets des salariés (comme le financement d'une équipe de football), en complément de celles déjà fournies par l'entreprise : « j'étais très neutre disons, je me disais, c'est bien, c'est des avantages en plus, ça ne me porte pas préjudice », raconte par exemple une responsable de rayon de Mexico pour expliquer son vote en faveur du syndicat [69]. De surcroît, les syndicalistes ont emporté la décision en s'engageant à ne pas prélever de cotisations pendant un premier temps : « la vérité c'est que ça a beaucoup aidé qu'ils nous proposent de les tester pendant un an ou deux sans avoir à payer de cotisation, parce qu'au final tu ne paies pas pour quelque chose que tu ne connais pas », nous dit Antonio, un responsable de rayon de Puebla [70].

Le processus de légitimation a toutefois créé les conditions de conversations nouvelles sur le rôle du syndicalisme. À Puebla, une région où l'industrie automobile est très présente, Antonio évoque ainsi l'apport des témoignages de collègues plus âgés (35-40 ans), ayant eu des expériences ouvrières dans ce secteur, auprès de jeunes comme lui (il en a 24) qui n'avaient aucune connaissance des syndicats :

> « Eux oui, ils en avaient une expérience. Ça nous a permis de savoir, grâce à eux, si le syndicat travaille vraiment pour toi, s'il fait pression sur toi au travail, s'il t'apporte un soutien. Et la vérité, c'est que la plupart d'entre eux ont répondu que oui, le syndicat sert vraiment à quelque chose. [...] *–Et il y a des gens qui ont eu de mauvaises expériences avec les syndicats ?* –Je crois pas vraiment mauvaises, mais plutôt que le syndicat ne servait à rien. Je veux dire : moi il ne m'a jamais soutenu, je ne l'ai jamais vu [71]. »

68. Entretien du 12/05/2023.
69. Entretien du 24/05/2023.
70. Entretien du 18/05/2023.
71. *Ibid.*

Les témoignages recueillis directement en logistique, comme indirectement auprès d'Antonio, montrent que le syndicalisme ne saurait être réduit à un rouage du régime corporatiste totalement étranger aux travailleuses et travailleurs. Dans certains secteurs, les expériences du syndicalisme sont plus ambivalentes et ouvrent la voie à de possibles réappropriations « par le bas ». Si les représentants du syndicat ont mis en avant leur rôle de prestataire de services, ils ont d'ailleurs évoqué leur fonction de recours en cas de problème. Luciana, la directrice des ressources humaines, évoque ainsi le cas de deux employés qui, « à cause de leurs mauvaises performances, etc., ont cherché un moyen de s'accrocher et parlé au syndicat », ce qui l'a conduite à réprimander le syndicat dont le représentant local avait relayé leur plainte auprès du directeur du magasin : « Il faut que vous me fassiez savoir que c'est en train de se produire, avant de déposer un grief [72] ». Les salariés autant que le syndicat auraient dû selon elle commencer par s'adresser aux autorités légitimes de l'entreprise [73]. La vocation du syndicat, dans l'esprit de la responsable des ressources humaines, n'est donc pas d'offrir un canal de représentation ou de participation autonome des salariés mais bien de « doubler le circuit hiérarchique [74] ». Pour autant, cette anecdote révèle aussi que l'institution d'une option syndicale dans le circuit du « recours ouvrier [75] » crée des possibilités d'action nouvelles, tant pour les salariés que pour les délégués du syndicat, pouvant échapper au contrôle de leurs hiérarchies respectives. Il serait donc erroné de réduire *a priori* le syndicalisme de protection à une simple courroie de transmission du management [76].

***

L'exemplarité citoyenne de Decathlon est sélective. Plutôt que de célébrer la diversité des modes d'engagement de ses salariés, le management de l'entreprise procède à leur gestion différenciée et hiérarchisée, selon qu'ils esquissent les contours d'une « citoyenneté d'entreprise » ou d'une « citoyenneté salariale ». Tandis que les pratiques relevant de la RSE sont valorisées et présentées comme permettant l'accomplissement de la mission citoyenne de l'entreprise, la perspective d'une représentation salariale spécifique suscite la méfiance, non seulement parce qu'elle ouvre une brèche par laquelle des

---

72. Entretien du 9/05/2023.
73. *Ibid.* Luciana précise qu'il n'est pas prévu que le syndicat assure une présence régulière dans l'entreprise, par exemple sous forme de permanences. Il s'est engagé à demander l'autorisation de la direction de l'entreprise avant de se rendre dans un magasin.
74. Benquet M., *Encaisser ! Enquête en immersion dans la grande distribution*, Paris, La Découverte, 2015 (1e éd. 2013).
75. Delamotte Y., « Le recours ouvrier : réflexions sur la signification psychosociologique des règles juridiques », *Sociologie du travail*, vol. 3, n°2, 1961, pp. 113-123.
76. Chris Tilly a montré que la notion de syndicalisme de protection recouvrait en réalité des pratiques syndicales diverses dans le secteur de la grande distribution, *cf.* Tilly C., "Beyond Contratos de Protección. Strong and Weak Unionism in Mexican Retail Enterprises", *Latin American Research Review*, vol. 49, n°3, 2014, pp. 176-198.

acteurs étrangers à l'entreprise pourraient s'engouffrer, qu'il s'agisse du syndicat ou des juridictions de l'État, mais aussi parce qu'elle est susceptible de donner forme à des lignes de clivage internes à l'entreprise, remettant ainsi en cause l'image d'une communauté harmonieuse et soudée. La managérialisation des pratiques civiques oriente et canalise les dispositions à l'engagement des salariés.

Les relations de travail ne sont cependant pas aussi harmonieuses qu'elles en donnent l'air. Les enquêtés nous ont parlé d'abandons de poste, d'absentéisme, de vols, de *burn-out*, de recours devant les tribunaux du travail : autant de phénomènes renvoyant à des formes classiques de conflictualité salariale que l'enquête ne nous a pas permis de saisir directement mais qui ont pour point commun, en ne trouvant pas à s'exprimer collectivement, de se maintenir dans un registre « infrapolitique [77] ». Cette absence de mise en forme collective de la conflictualité salariale s'explique notamment par le fait que les salariés sont peu disposés à considérer le syndicalisme comme un recours légitime : s'entremêlent dans cette méfiance vis-à-vis d'une institution traditionnelle de la citoyenneté industrielle des socialisations, notamment de classe et de génération, qui tiennent ces jeunes employés à distance d'une pratique associée au monde des ouvriers de l'industrie, et une expérience plus vaste des rapports sociaux et de la politique en contexte mexicain qui assimile le syndicalisme à une bureaucratie partie prenante de l'État corporatiste. Dans le secteur de la distribution où la présence syndicale est souvent formelle, la politique managériale renforce cette distance au syndicalisme en valorisant les initiatives et le volontarisme individuels autour de la RSE et en orientant ainsi les « bonnes pratiques citoyennes » de ses salariés vers des causes sans adversaire. Si la *reforma laboral* a contraint la direction de l'entreprise à officialiser l'existence de son partenaire syndical, celui-ci reste tenu à la lisière de l'entreprise tandis que les instances de représentation du personnel n'ont pas été activées. À travers cette gestion différenciée des engagements, le seul discours critique qu'autorise l'entreprise citoyenne est finalement celui qui oppose la société civile – associations, Églises et entreprises – à l'État, venant ainsi conforter des attitudes de défiance vis-à-vis de l'intervention publique, ancrées au Mexique dans l'expérience du corporatisme.

Cette managérialisation des pratiques civiques empêche-t-elle pour autant toute autre manifestation critique ? Rien n'est moins sûr, pour deux raisons au moins. D'une part, l'enquête de terrain a mis en lumière que la participation à des « missions citoyennes » encouragées par l'entreprise, *via* les dispositifs de RSE, pouvait avoir des effets de politisation inattendue, en permettant à des salariés de faire l'expérience de la discordance des logiques sociale et financière que l'entreprise prétend réconcilier, ou du moins de la subordination incon-

77. Scott J. C., *La domination et les arts de la résistance. Fragments du discours subalterne*, Paris, Éditions Amsterdam, 2019.

testable de la première à la seconde. D'autre part, la réforme des relations de travail crée des opportunités nouvelles de confrontation au syndicalisme. Certes, la *reforma laboral* n'est pas annonciatrice d'un irrésistible renouveau syndical : le cas de Decathlon montre comment le syndicalisme de protection patronale peut tirer son épingle du jeu. Si l'institutionnalisation d'un système interne de représentation du personnel devait être menée à son terme, elle serait toutefois susceptible d'ouvrir la possibilité à de nouvelles formes d'engagement salarial, avec et contre le syndicalisme, de façon analogue à des dynamiques observées en France [78]. Aussi puissant soit-il, l'enrôlement légitimiste dans les missions citoyennes, suite aux sollicitations de l'encadrement, n'est pas incompatible avec des inflexions critiques dans le cours de la trajectoire militante, à l'épreuve des désenchantements nés de l'expérience des tensions et des rapports de domination au travail.

78. Quijoux M., Yon K., « Servir l'entreprise pour mieux défendre les salarié·es ?... », *op. cit.*

Ryanair en Belgique. À la conquête de la citoyenneté industrielle

Bruno BAURAIND, Jean VANDEWATTYNE

Bruno Bauraind est politologue (UCLouvain, Université Saint-Joseph de Beyrouth et UMons). Il est le secrétaire général du Groupe de recherche pour une stratégie économique alternative (Gresea). Ses recherches portent sur le monde contemporain de la grande entreprise (internationalisation, restructuration, concentration), sur les relations de travail qui s'y structurent et le syndicalisme. Il est membre du Groupe d'analyse des conflits sociaux (GRACOS).

Jean Vandewattyne, docteur en sociologie, est enseignant à l'Université de Mons (UMons) et à l'Université libre de Bruxelles (ULB). Ses recherches portent sur le monde de l'entreprise, le management et les relations professionnelles. Il est notamment membre du Groupe d'analyse des conflits sociaux (GRACOS) et du CR 25 Sociologie du syndicalisme et des relations professionnelles de l'Association internationale des sociologues de langue française (AISLF).

En 2019, soit à peine près de quatre décennies après sa création, la compagnie aérienne *low cost* Ryanair est devenue la plus grande compagnie européenne en termes de passagers transportés. La croissance de ses activités repose en grande partie sur l'ouverture de bases, des aéroports dans lesquels elle affecte des avions et le personnel nécessaire pour les faire voler. Début 2023, elle compte 83 bases réparties dans près de 15 pays européens. Au total, elle dessert 240 aéroports et assure quotidiennement près de 3 000 vols. Autres signes de cette croissance particulièrement remarquable au regard de la réalité du secteur en Europe, elle a doublé son chiffre d'affaires entre 2011 et 2019, qui a atteint 8,4 milliards d'euros. Alors qu'elle n'employait que 1 467 travailleurs en 2001, elle en compte plus de 19 000 en 2022. Si l'on fait exception des années impactées par les mesures prises dans le cadre de la gestion de la crise sanitaire liée au Covid-19, Ryanair est une compagnie structurellement bénéficiaire. Elle a clôturé son exercice 2022-2023 sur un bénéfice net record de 1,4 milliard d'euros [1].

Pour soutenir ce succès commercial et financier, la compagnie irlandaise a systématiquement cherché à éviter tout encastrement dans les cadres juridiques nationaux, en imposant à son personnel affecté dans ses bases continentales des contrats de droit irlandais. Cette caractéristique, au cœur du modèle productif de la compagnie, est une source de tensions sociales qui, en 2017-2018, débouchent sur des grèves à l'échelle européenne. Pour le personnel navigant et ses syndicats, les actions menées avaient pour but principal d'obtenir l'application des droits liés au cadre juridique du pays de la base d'affectation des travailleurs.

La question de la citoyenneté industrielle chez Ryanair sera ici principalement abordée à partir de la Belgique. La compagnie irlandaise a commencé à desservir l'aéroport de Charleroi (Brussels South Charleroi Airport) en 1997. Quatre ans plus tard, en 2001, elle y installe sa première base continentale qui deviendra rapidement une des plus grandes et des plus profitables de la compagnie en dehors du Royaume-Uni. En 2022, Ryanair y stationnait 15 avions et assurait l'essentiel des activités de cet aéroport régional. En février 2014, elle installe une autre base à l'aéroport international de Zaventem (Brussels Airport) avec pour ambition de concurrencer directement certaines compagnies traditionnelles. Cette seconde base, où ne seront positionnés que quatre avions, est fermée en janvier 2023 en raison de taxes aéroportuaires jugées trop élevées par le management de Ryanair. Au premier semestre 2022, elle employait environ 600 travailleurs sur le sol belge [2].

En Belgique, comme dans d'autres espaces nationaux, la direction de Ryanair met en œuvre différentes stratégies afin d'empêcher les pilotes, les hôtesses et les stewards de s'organiser collectivement et d'accéder, *via* la reconnaissance des syndicats, à la citoyenneté industrielle. Mais, malgré l'hostilité de la direction, les travailleurs de Ryanair affectés en Belgique obtiennent gain de cause, du moins formellement, à la suite des actions de grèves menées en 2017 et 2018.

Dans un premier temps, nous nous intéresserons au concept de citoyenneté au travail, à sa réalité en Belgique dans le secteur privé et aux spécificités du secteur aérien par rapport à d'autres secteurs d'activités confrontés au déploiement de l'entreprise néolibérale. Dans un deuxième temps, nous nous attacherons à décrire le modèle productif mis en place par le management de Ryanair et les stratégies antisyndicales qui le soutiennent. Des stratégies qui ont évolué dans le temps en lien notamment avec la croissance de l'entreprise

1. Les chiffres sont issus des rapports annuels publiés par la compagnie.
2. La compagnie ne fournit pas de bilan social sur ses activités en Belgique. Il s'agit dès lors d'une estimation de source syndicale fondée sur l'information communiquée par l'entreprise lors des premières élections sociales en 2020 et l'évolution du nombre d'avions basés en Belgique.

et les résistances rencontrées. Enfin, dans un troisième temps, nous reviendrons sur les conditions de possibilité et les modalités de la conquête d'une forme de citoyenneté industrielle par les travailleurs de Ryanair en Belgique.

Aspects méthodologiques

Les matériaux utilisés dans cet article proviennent d'enquêtes de terrain au long cours [3] réalisées en trois temps : en 2012 et 2013 dans le cadre des actions en justice menées en Belgique contre Ryanair ; au moment des grèves transnationales de 2017-2018 qui amènent la direction de Ryanair à faire d'importantes concessions sur le plan de la représentation des travailleurs et, troisièmement, à partir de 2019 dans le cadre d'une recherche doctorale portant sur l'implantation d'une délégation syndicale Ryanair en Belgique.L'enquête de terrain se fonde sur des entretiens, de l'observation et un travail de consultation et de dépouillement de sources primaires et secondaires. Au total, près d'une quarantaine d'entretiens ont été réalisés dont des entretiens ouverts et répétés avec cinq délégués ou ex-délégués syndicaux du personnel de cockpit, sept délégués ou ex-délégués du personnel de cabine, quatre permanents ou ex-permanents [4] de la Centrale Nationale des Employés (CNE) et de l'Algemeen Christelijk Vakverbond Puls (ACV Puls), les deux centrales professionnelles de la Confédération Chrétienne des Syndicats, en charge pour la première de l'aéroport régional de Charleroi et pour la seconde de l'aéroport national de Zaventem [5], deux permanents de l'association professionnelle des pilotes (la BECA) et huit membres du personnel non investis dans l'action syndicale. En 2019, une observation non participante a été réalisée lors d'un séminaire de formation portant sur le système des relations professionnelles et le droit du travail belge à l'attention de la nouvelle délégation syndicale. Ce séminaire a permis d'entrer en contact avec les délégués et d'observer leur faible connaissance du cadre institutionnel et des ressources disponibles dans leur environnement. En prenant ce séminaire comme point de référence, nous avons pu observer la trajectoire syndicale de ces représentants, l'autonomisation progressive de la délégation syndicale par rapport aux permanents et mesurer les progrès réalisés par les délégués quant à la mobilisation des ressources. Enfin, nous avons été présents comme observateur lors d'assemblées syndicales du personnel et aux rassemblements du personnel lors des grèves de juillet et septembre 2018, de décembre 2021 et de janvier 2022. Ces présences ont notamment permis de rencontrer des salariés peu disposés à accepter un entretien par peur de représailles managériales.

3. Lomba C., *La restructuration permanente de la condition ouvrière. De Cockerill à ArcelorMittal*, Vulaines sur Seine, Éditions du Croquant, 2018.
4. En Belgique, un permanent est un salarié de l'organisation syndicale chargé de soutenir et de coordonner l'action des délégués syndicaux dans un secteur ou un sous-secteur.
5. La Centrale nationale des employés (CNE) est une fédération sectorielle francophone rattachée à la Confédération des syndicats chrétiens. L'Algemeen Christelijk Vakverbond Puls (ACV Puls) est son pendant néerlandophone.

La citoyenneté au travail sous tension

En Belgique comme dans d'autres pays, le conflit qui oppose la direction de Ryanair au personnel navigant a comme enjeu principal l'encastrement ou non de la compagnie dans le système de relations professionnelles [6] national. La métaphore de Karl Polanyi sur « l'encastrement-désencastrement [7] » politique de l'économie a donné lieu à de multiples interprétations et soulevé de nombreuses controverses. Par encastrement, il convient d'entendre ici « l'insertion de l'économie au sein d'un système de règles fixées par une institution régulatrice permettant de compenser les effets problématiques du capitalisme [8] ». La citoyenneté sur le lieu de travail est conçue dans ce cadre comme une aspiration [9] des travailleurs à accéder à des droits tel que celui de s'associer et de se faire représenter par des organisations syndicales en vue d'améliorer leur condition de travail et d'emploi [10]. Mais le concept de citoyenneté au travail possède également une dimension herméneutique, lorsqu'elle est pensée comme un outil explicatif des formes de participation des travailleurs sur le lieu de travail. La « citoyenneté explicative [11] » se veut alors un instrument permettant d'évaluer à partir de données empiriques l'état des relations professionnelles à une époque et dans un système de relations professionnelles donné. Dans cette perspective, Ryanair peut être appréhendée comme un lieu d'affrontement entre deux formes de participation : la citoyenneté industrielle et la citoyenneté marchande.

Citoyenneté industrielle contre citoyenneté marchande

La citoyenneté industrielle est un construit sociopolitique qui a progressivement pris forme et consistance dans les pays d'ancienne industrialisation, à la suite des luttes menées par les travailleurs contre leur exploitation et l'absence de droits qui caractérisait leur existence. Fondamentalement, elle repose sur la reconnaissance d'organisations syndicales comme interlocuteurs légitimes et l'institutionnalisation d'instances de concertation et de négociation entre les employeurs et leurs représentants et les représentants des travailleurs. Dans cette conception réformiste, la citoyenneté industrielle, entendue comme une aspiration des travailleurs, visait *in fine* à dépasser l'opposition entre le monde du capital et celui du travail grâce à la négociation de règles

---

6. Dunlop J. T., *Industrial Relations Systems*, Londres, Holt, 1958.
7. Polanyi K., *La Grande Transformation. Aux origines politiques et économiques de notre temps*, Paris, Gallimard, 2009.
8. Chochoy N., « Karl Polanyi et l'encastrement politique de l'économie : pour une analyse systémique des rapports changeants entre économie et société », *Revue française de socio-économie*, La Découverte, vol. 1, n°15, 2015, p. 158.
9. McCallum R., « La citoyenneté au travail », in Coutu M., Murray G. (dir.), *Travail et Citoyenneté. Quel avenir ?*, Québec, Presses de l'Université de Laval, 2010, p. 77.
10. Barbalet J. M., *Citizenship Rights, Struggle and Class Inequality*, Minneapolis, University of Minnesota Press, 1988, p. 26.
11. McCallum R., *op. cit.*, p. 82.

partagées [12]. Plus largement, le développement d'une forme de citoyenneté au travail était considéré comme un préalable à la mise en place des États sociaux et d'une citoyenneté sociale.

Pour les partisans d'une conception pluraliste des relations de travail, la citoyenneté industrielle ne pouvait que s'approfondir, se renforcer. Harry Arthurs incarne bien cette vision idéalisée du futur [13]. Comme l'ont écrit Michel Coutu et Gregor Murray, il s'est fait « l'écho de l'optimisme ambiant de l'époque en anticipant le développement apparemment inévitable et nécessaire des droits collectifs dans la sphère économique [14] ».

Quelques décennies plus tard, force est de constater que la réalité est toute différente. La néolibéralisation des politiques économiques [15], la financiarisation du régime d'accumulation, les restructurations permanentes au sein d'entreprises multinationales [16] ou encore la transformation des relations professionnelles par le dialogue social [17] sont autant d'éléments qui, à partir des années 1980, mettent à mal la citoyenneté industrielle conquise.

Parallèlement, l'offensive néolibérale a aussi consisté à promouvoir d'autres formes de participation, de citoyenneté à l'intérieur de l'entreprise. Cette citoyenneté marchande, comme la qualifie Judy Fudge, se caractérise par le fait que : « l'emploi équivaut de plus en plus à un contrat commercial et la négociation collective n'est pas considérée comme un droit fondamental. La négociation individuelle de contrats devient le mécanisme de prédilection pour établir les termes et les conditions de l'embauche ; l'accès à des syndicats libres et la négociation collective sont dès lors plus apparents que réels. Bien qu'un minimum de droits reliés au travail, s'appliquant aux travailleurs individuels, sont fournis, les normes elles-mêmes sont soit sujettes à la négociation individuelle, soit l'objet d'une mise en œuvre privatisée [18] ».

---

12. Kerr C., *Industrialism and Industrial Man*, Londres, Heinemann, 1962 ; Dahrehdorf R., *Classe et conflits de classe dans la société industrielle*, Paris, Mouton, 1972 ; Ross A. M., Hartman P. T., *Changing Patterns of Industrial Conflict*, New York, Wiley, 1960.
13. Arthurs H. W., "Developing Indusrial Citizenship: A Challenge for Canada's Second Century", *Revue du Barreau canadien*, vol. 45, n°4, 1967, pp. 786-830.
14. Coutu M., Murray G., « La citoyenneté au travail ? Une introduction », *Relations Industrielles/Industrial Relations*, vol. 60, n°4, 2005, p. 601.
15. Harvey D., *Brève histoire du néo-libéralisme*, Paris, Les Prairies ordinaires, 2014.
16. Didry C., Jobert A. (dir.), *L'entreprise en restructuration. Dynamiques institutionnelles et mobilisations collectives*, Rennes, Presses Universitaires de Rennes, 2010 ; Lomba C., *op. cit.* ; Rouxel P., *Le syndicalisme en restructurations. Engagements et pratiques de délégués d'entreprises multinationales en Argentine et en France*, Paris, L'Harmattan, 2022.
17. Lapointe P.-A. (dir.), *Dialogue social, relations du travail et syndicalisme. Perspectives historiques et internationales*, Laval, Presses Universitaires de Laval, 2016.
18. Fudge J., « Au-delà de la citoyenneté industrielle : la citoyenneté marchande ou du travail ? », in Coutu M., Murray G. (dir.), *op. cit.*

Cette réappropriation managériale de la citoyenneté au travail [19] implique cependant de reconnaître les salariés comme « des sujets autonomes dans la production [20] », ce qui peut en retour ouvrir des opportunités aux syndicats, en tant que rouage fondamental de la citoyenneté industrielle sur le lieu de travail, ce qui fut le cas chez Ryanair.

Syndicalisme en contexte hostile

Plusieurs auteurs ont cherché, en mobilisant la théorie des relations professionnelles [21] et la sociologie des mouvements sociaux [22], les déterminants d'une « revitalisation » ou d'un « renouveau » du syndicalisme à partir de l'entreprise [23] dans les secteurs précarisés de l'économie, souvent en croissance et éloignés de la syndicalisation comme la restauration rapide [24], le nettoyage [25], la livraison de repas [26] ou encore l'aide à domicile [27]. Si le personnel de cabine de Ryanair peut partager certaines caractéristiques socioprofessionnelles avec les travailleurs « du bas de l'échelle [28] , le transport aérien de passagers en Europe est un secteur fortement régulé et historiquement syndicalisé. Malgré la libéralisation du ciel (1987-1997), il conserve une forte tradition de négociation collective et d'interventionnisme étatique. Les anciennes compagnies nationales font en effet face à des difficultés économiques structurelles que seul le soutien des finances publiques, selon différentes modalités, permet de contenir. De plus, le conflit présenté dans cet article se déroule en Belgique, un pays où le taux de syndicalisation résiste mieux que dans de nombreux autres pays européens. Ryanair est dans ce cadre un acteur transgressif qui cherche à rompre avec les traditions sectorielles. Ce contexte productif particulier démarquant Ryanair des cas précités, il convient alors d'évoquer la capacité des syndicats à adapter leurs pratiques à l'entreprise néolibérale [29] plutôt que leur revitalisation.

---

19. Béroud S., « Perspectives critiques sur la participation dans le monde du travail : éléments de repérage et de discussion », *Participations*, vol. 5, n°1, 2013, pp. 5-32.
20. Allal A., Yon K., « Citoyennetés industrielles, (in)soumissions ouvrières et formes du lien syndical : pour une sociologie politique des relations de travail », *Critique internationale*, vol. 87, n°2, 2020, pp. 15-32.
21. Frege C., Kelly J., *Varieties of Unionism: Strategies for Union Revitalization in a Globalizing Economy*, Oxford, Oxford University Press, 2004 ; Murray G., "Union renewal: What can we learn from three decades of research", *Transfer*, vol. 23, n°1, 2017, pp. 9-29.
22. Collovald A., Mathieu L., « Mobilisations improbables et apprentissage d'un répertoire syndical », *Politix*, 2009, vol. 86, n°2, pp. 119-143 ; Cadiou S., Dechezelles S., Roger A., *Passer à l'action : les mobilisations émergentes*, Paris, L'Harmattan, 2007.
23. Murray G., Lésvesque C., Dufour C., Hege A., "Workplace Representatives, Strategic Actors of Union Renewal?", *Industrial Relations Journal*, vol. 44, n°4, pp. 340-354.
24. Perrin E., Pérounal F., « Ça ne se passera plus comme ça chez McDonald », in Béroud S., Bouffartigue P. (dir.), *Quand le travail se précarise, quelles résistances collectives ?*, Paris, La Dispute, 2009, pp. 223-236.
25. Nizzoli C., *C'est du propre ! Syndicalisme et travailleurs du « bas de l'échelle » (Marseille et Bologne)*, Paris, Presses Universitaires de France, 2015.
26. Dufresne A., Leterme C., *Travailleurs de plateforme. La lutte pour les droits dans l'économie numérique*, Bruxelles, Gresea, 2021.

Sur la citoyenneté industrielle en Belgique

En Belgique, la citoyenneté industrielle ne fait pas partie du vocabulaire des interlocuteurs sociaux, qu'ils appartiennent au banc syndical ou au banc patronal. Sur le fond, dans la perspective pluraliste, le terme qui s'en rapproche le plus est celui de concertation sociale.

La concertation sociale belge est un système de relations professionnelles, qui s'est stabilisé au lendemain de la Seconde Guerre mondiale à la suite du Projet d'accord de solidarité sociale conclu entre les représentants des travailleurs et ceux des employeurs. Il stipule que la prospérité générale du pays dépend de « la bonne marche » des entreprises, ce qui implique une « collaboration loyale » fondée sur le « respect mutuel » et la « reconnaissance réciproque de leurs droits et de leurs devoirs ». Dans ses premiers paragraphes, le Projet précise également que « Les travailleurs respectent l'autorité légitime des chefs d'entreprise et mettent leur honneur à exécuter consciencieusement leur travail » et que, de leur côté, « les employeurs respectent la dignité des travailleurs et mettent leur honneur à les traiter avec justice. Ils s'engagent à ne porter, directement ou indirectement, aucune entrave à leur liberté d'association ni au développement de leurs organisations [30] ».

Pour le secteur privé, le système articule trois niveaux : l'interprofessionnel, le sectoriel et l'entreprise. Au niveau de l'entreprise, il recouvre deux aspects bien distincts avec ce qui relève, d'une part, de l'information et de la consultation du personnel et, d'autre part, de la négociation collective entre l'employeur et ses représentants et les représentants des travailleurs. Le conseil d'entreprise (CE) et le comité pour la prévention et la protection au travail (CPPT) sont des organes bipartites dédiés à l'information et à la consultation des représentants du personnel. La négociation est, quant à elle, une compétence de la délégation syndicale, composée de délégués issus des organisations interprofessionnelles et nationales reconnues comme représentatives des travailleurs [31]. Leur instauration obéit à des règles et des procédures très normées et standardisées. Ainsi, la procédure d'instauration des CE et des CPPT est relancée tous les quatre ans au moment des élections sociales et elle implique l'occupation d'un nombre minimum de travailleurs : respectivement 100 et 50. Quant à la délégation syndicale, les conditions de son instauration

27. Avril C., « Une mobilisation collective dans l'aide à domicile à la lumière des pratiques et des relations de travail », *Politix*, vol. 86, n°2, 2009, pp. 97-118.
28. Nizzoli C., *op. cit.*
29. Coutrot T., *L'entreprise néo-libérale, nouvelle utopie capitaliste ?*, Paris, La Découverte, 1998.
30. Le texte du Projet d'accord de solidarité sociale de 1944 est disponible sur le site du Conseil Central de l'Economie (CCE) belge à l'adresse : https://www.ccecrb.fgov.be/dpics/fichiers/2019-04-30-10-34-38_1944FR.pdf
31. Dans la pratique, les délégués syndicaux siègent également au CE et au CPPT.

varient selon les commissions paritaires (CP). Elle se fait à la demande d'au moins un syndicat et elle est classiquement soumise à la satisfaction de deux critères : un nombre minimum de travailleurs occupés – de 20 à 50 selon les CP – et un nombre ou un pourcentage minimum d'affiliés. Dans le cas du secteur de l'aviation commerciale, la convention collective de travail portant sur le statut de la délégation syndicale précise que le seuil minimum est de 20 travailleurs et que la demande doit être portée « par au moins une des organisations syndicales qui déclarent représenter au moins 50% de travailleurs syndiqués dans l'entreprise ou par deux des trois organisations syndicales représentatives ».

Mais pour que ces dispositifs puissent être activés, il faut que les organisations syndicales aient des affiliés qui acceptent de devenir délégués et/ou de siéger au CE et au CPPT. Dans le cas de la base de Charleroi, ce fut longtemps problématique en raison notamment de la peur du personnel de cabine de s'afficher syndicalement, d'un *turnover* important – les insatisfactions alimentent la défection plutôt que la prise de parole [32] –, et aussi de certaines caractéristiques socioprofessionnelles dont le manque d'expérience professionnelle ou encore le recrutement à l'étranger. En parallèle, il faut aussi que des organisations syndicales décident de s'investir dans la défense des droits de ces travailleurs, ce qui ne fut pas évident. Au niveau de la base de Charleroi, la première ouverte en Belgique par Ryanair, seule la Centrale Nationale des Employés (CNE) s'investit dans ce combat. Elle est suivie par l'Algemeen Christelijk Vakverbond Puls (ACV Puls) lorsque Ryanair ouvre sa base à l'aéroport national de Bruxelles [33].

Les pilotes et copilotes disposent quant à eux d'organisations professionnelles spécifiques. En Belgique, il s'agit de la Belgian Cockpit Association (BECA), qui, n'étant pas reconnue comme une organisation représentative, ne peut conclure de convention collective. C'est la raison pour laquelle, en 2018, un accord a été passé entre elle, la CNE et l'ACV Puls pour que le personnel de cockpit soit intégré à la délégation syndicale.

L'antisyndicalisme comme condition d'un modèle « *ultra low cost* »

Selon un permanent syndical, « Ryanair n'est pas seulement une entreprise antisyndicale, c'est surtout une entreprise contre les travailleurs [34] ». Plus exactement, l'antisyndicalisme y apparaît comme une condition indispensable à l'exploitation des travailleurs. D'une part, la compagnie n'accorde que très

32. Hirschman A., *Exit, Voice, Loyalty: Responses to Decline in Firms, Organizations, and States*, Cambridge, Harvard University Press, 1970.
33. Vandewattyne J., « Le conflit pour l'amélioration des conditions de travail du personnel navigant de Ryanair », *Grèves et conflictualité sociale en 2011, Courrier Hebdomadaire du CRISP*, n°2135-2136, 2012, pp. 93-106.
34. Entretien avec Tom, permanent syndical de l'ACV Puls, le 19 mai 2022.

peu d'attention à son personnel navigant. Elle ne cherche pas à le fidéliser en lui offrant des conditions d'emploi et de travail attractives. D'autre part, pour assurer la perpétuation de son modèle productif, elle a dû prendre des mesures afin d'empêcher la conflictualisation du rapport capital-travail.

Un modèle productif « bas salaires »

La stratégie de concurrence de Ryanair repose avant tout sur une recherche permanente de réduction des coûts de production. Comme les autres compagnies *low cost*, la compagnie irlandaise a adossé cette recherche à une simplification radicale du service offert [35]. Elle a aussi fait le choix de s'installer massivement dans des aéroports secondaires, ce qui lui permet d'augmenter le nombre de rotations de ses avions et surtout de mettre en dépendance les sociétés aéroportuaires afin d'obtenir certains avantages et/ou des subventions de la part des autorités publiques régionales [36]. Cette stratégie de concurrence *low cost* est également soutenue par une exigence de productivité du travail plus importante et des salaires plus bas que les standards sectoriels, y compris ceux en vigueur dans le segment *low cost* [37].

Malgré la croissance particulièrement rapide et l'européanisation de ses activités, l'organisation productive de la compagnie reste définie de façon très centralisée par une direction générale située à Dublin. Son management n'a pas non plus évolué en conséquence. Alors qu'en 2006, Ryanair comptait un manager pour 37 travailleurs, ce rapport est passé à 1 pour 165 en 2022 [38]. La compagnie a fait le choix de ne pas ouvrir de services de gestion du personnel sur ses bases situées en dehors de l'Irlande et du Royaume-Uni alors même que certaines comptent plusieurs centaines de travailleurs. Longtemps assurée par un *call center* localisé à Dublin, une partie importante de la gestion du personnel est maintenant assurée *via* eCrew, une application pour smartphone. Cette gestion à distance et technologiquement assistée a pour conséquence de réduire les échanges avec la hiérarchie et de les rendre très impersonnels.

Quant à la relation de travail, qui sous-tend le modèle *low cost* de Ryanair, elle est particulièrement brutale [39]. Le personnel de cabine est aujourd'hui essentiellement recruté au sein des populations jeunes et précarisées dans les pays du Sud et de l'Est de l'Union européenne. Une partie d'entre eux est

35. Combe E., *Le Low cost*, Paris, La Découverte, 2011.
36. De Beys J., « La décision de la Commission européenne du 12 février 2004 sur les aides d'État accordées à Ryanair », *Courrier hebdomadaire du CRISP*, n°1852, Bruxelles, 2004.
37. Bauraind B., Vandewattyne J., « Ryanair must change. Lutter dans le low-cost », *Gresea Échos*, n°104, 2020 ; Barret S. D., "The Sustainability of the Ryanair Model", *International Journal of Transport Management*, vol. 2, n°2, 2004, p. 93.
38. Chiffres issus des rapports annuels de la compagnie.
39. Harvey G., Turnbull P., *The Development of Low Cost Model in The European Civil Aviation Industry*, Final Report For The European Transport Workers Federation (ETF), 2012.

alors déplacée, souvent contre leur gré, vers les pays où la compagnie recrute peu. Cette déterritorialisation [40] et la prise en charge par le travailleur des principaux coûts liés à l'emploi (formation [41], logement, nourriture, uniforme, etc.) [42] assurent à l'entreprise une concomitance entre d'une part, la reproduction élargie du capital par les bas salaires et, d'autre part, une forme « d'accumulation par dépossession [43] » fondée sur l'endettement. La trajectoire de Sophia, une hôtesse allemande, est à cet égard exemplaire. En 2008, elle termine sa formation à Gérone et est affectée à la base de Charleroi. Elle dispose alors de deux jours pour remplir des formalités administratives à Dublin et s'installer en Belgique. À son arrivée à Charleroi, elle se dit : « complètement perdue. La Française avec laquelle j'étais a trouvé un appartement et le propriétaire avait encore un studio de disponible. Donc, grâce à elle, j'ai trouvé un appartement. Et heureusement, car lorsque je suis arrivée [à Charleroi], j'étais tellement sous le choc, stressée et fatiguée, que je n'arrivais même pas à parler en français. Je n'aurais jamais pu trouver un appartement moi-même. J'avais peur aussi, car je n'avais que 300 ou 400 euros en poche. Heureusement, ma tante m'a aidée. La première année, elle m'a prêté beaucoup d'argent, environ 6 ou 7 000 euros, pour la formation, l'arrivée à Charleroi, l'appartement, etc. [44] ».

Par ailleurs, le management de Ryanair a très vite externalisé une partie importante de la gestion du personnel navigant vers des agences de recrutement et de placement, ce qui lui a permis de se défausser de son rôle d'employeur et d'interlocuteur social. Avant de bénéficier d'un contrat Ryanair, les pilotes sont embauchés comme *contractors*. Pour ce faire, ils doivent créer une société à responsabilité limitée dont ils occupent la position de directeur et, le plus souvent, de seul salarié. Les *contractors* entrent alors en relation de sous-traitance avec la compagnie, ce qui les précarise considérablement [45]. Par rapport à leurs collègues salariés, l'absence d'heures de vol correspond à une absence de revenu. Des sociétés de placement, telles que Brookfield LTD, assurent l'intermédiaire entre les deux parties.

Entre 2001 et 2003, les hôtesses et les stewards basés à Charleroi étaient engagés sous contrat Ryanair de droit irlandais. À partir de 2003, l'entreprise introduit un intermédiaire dans la relation de travail. Les personnels de cabine

40. Pagès M., Bonetti M., de Gaulejac V., Descendre D., *L'emprise de l'organisation*, Bruxelles, Editions de l'Université de Bruxelles, 2019.
41. À partir 2018, pour combler ses besoins croissants en personnels de cabine, la compagnie a supprimé le paiement de la formation pour les personnels de cabine.
42. Le *pay-to-fly* est une pratique qui consiste pour un personnel navigant dans le secteur aérien à payer pour avoir accès à l'emploi. Cette pratique n'est pas spécifique à Ryanair, mais la compagnie irlandaise l'a systématisée et intensifiée.
43. Harvey D., *op. cit.*, p. 228.
44. Entretien avec Sophia, ex-hôtesse de l'air, le 12 avril 2021.
45. Geary J. F., "Securing Collective Representation in Non-Union European Multinational Companies: The Case of Ryanair Pilots'(Partial) Success", *British Journal of Industrial Relations*, vol. 60, n°3, 2022, pp. 635-661.

sont également embauchés par des sociétés de recrutement et de placement irlandaises – Crewlink et Workforce – puis placés chez Ryanair. Ces nouveaux contrats offrent des conditions de travail et des salaires particulièrement dégradés par rapport aux contrats Ryanair et aux normes sectorielles en vigueur en Belgique [46]. Certains de ces contrats étaient des contrats zéro heure. En outre, jusqu'en 2012, l'emploi chez Ryanair ne donne pas accès à la sécurité sociale belge, ce qui peut s'avérer très problématique comme en témoigne Georges, un des premiers stewards à travailler en Belgique : « J'étais payé en livres sterling sur un compte bancaire irlandais. Mes droits sociaux étaient enregistrés en Irlande également. Très vite, on s'est posé la question de la légalité. On a posé la question à l'instructrice et la réponse a été qu'on avait le droit, en tant que citoyen européen, de travailler pour une société étrangère dans le pays où on habitait en Europe. On s'est renseigné. Il n'y avait rien d'illégal, mais c'était très gris. Le problème de ce type de contrat, ce n'est pas pendant que tu travailles pour Ryanair, mais quand tu veux partir. Quand tu veux partir, tu sens qu'il y a quelque chose qui ne va pas. J'ai par exemple dû m'enregistrer à la sécurité sociale en Belgique alors que cela faisait dix ans que je travaillais à Charleroi. Pourtant, j'avais une maison, une femme, un enfant et un crédit hypothécaire ici. Et quand j'ai quitté Ryanair, on m'a demandé d'où je venais ! Comme si j'étais un réfugié ou un immigré [47]. »

Les stratégies antisyndicales

Dans le modèle productif mis en place par le management de Ryanair, les bas salaires et, plus largement, la dégradation de la relation salariale s'articulent à des stratégies antisyndicales, qui ont évolué dans le temps. Ces stratégies relèvent de la disqualification, de la répression, du contournement et, plus récemment en Belgique, de la neutralisation.

La disqualification et la répression constituent les stratégies les plus anciennes et les plus récurrentes. La disqualification consiste à souligner le caractère désuet du syndicalisme et du modèle de relations professionnelles dont il est porteur. Les syndicats sont décrits comme des organisations parasites vivant aux crochets de leurs affiliés. En outre, selon le management de Ryanair, leurs affiliés n'en tirent aucun bénéfice sur le plan des conditions d'emploi et de travail. Quant à la répression, elle va du contrôle individualisé des « agitateurs » potentiels aux licenciements [48]. En Irlande, dès le début des

46. Anderson J., « "Nous n'avons plus peur" : la mobilisation inattendue des travailleur.ses de Ryanair », *Mouvements*, vol. 95, n°3, 2018, p. 128.
47. Entretien avec Georges, steward, *base manager* et instructeur à Charleroi entre 2001 et 2011, le 13 décembre 2022.
48. O'Sullivan M., Gunnigle P., "'Bearing All the Hallmarks of Oppression'. Union Avoidance in Europe's Largest Low-Cost Airline", *Labor Studies Journal*, vol. 34, n°2, 2009, pp. 252-270 ; Harvey G., Turnbull P., "Can Labor Arrest The 'Sky Pirates'? Transnational Trade Unionism in The European Civil Aviation Industry", *Labor History*, vol. 56, n°3, 2015,

années 2000, plusieurs pilotes ont été licenciés pour avoir entretenu des liens avérés ou supposés avec l'Irish Airline Pilots Association (IALPA) et la British Airline Pilots Association (BALPA). En 2011, Natacha, la première déléguée syndicale désignée par la CNE, est convoquée à Dublin après avoir déposé un tract syndical dans les casiers de ses collègues et est rapidement licenciée. Les syndicalistes font également l'objet de discriminations diverses : transfert vers une base non choisie, multiplication des *disciplinary meetings* [49], augmentation des pilotes non syndiqués, etc.

Les syndicats ne sont pas restés inactifs face aux dérives du modèle productif de Ryanair. Au cours des décennies 2000 et 2010, plusieurs syndicats nationaux ont intenté des procès à la compagnie pour la contraindre à reconnaître le fait syndical et à appliquer le droit du travail national. Elle a ainsi fait l'objet de procédures judiciaires en Irlande, au Danemark, en Norvège, en Belgique et en France. En cas de décision contraire, la compagnie a systématiquement introduit des recours ou, comme en France, a fermé ses bases [50].

À la disqualification et à la répression, le management de Ryanair a rapidement ajouté le contournement des syndicats en favorisant d'autres voies de consultation et de participation des salariés [51]. Pour Georges, c'est la véritable fonction du *base manager* : « le fait d'avoir instauré des *base managers* dans chaque base visait à contourner les syndicats. La direction voulait avoir un contact avec quelqu'un de local. Mais, c'était fictif puisque Ryanair imposait quand même ses règles à partir de Dublin ». Cette stratégie de contournement a aussi débouché sur la création des Conseils représentatifs des employés (CRE), un système de consultation des salariés décentralisé à travers lequel les salaires et les conditions de travail font l'objet de discussions dans chaque base et pour chaque catégorie de personnel ayant un contrat avec Ryanair [52], ce qui exclut le personnel en contrat avec les agences de placement [53]. Il permet aussi à la direction de poursuivre dans ses tentatives de disqualification des syndicats. À titre d'exemple, en 2011, un directeur de Ryanair n'hésite pas à déclarer que « Nous sommes haïs par les syndicats officiels parce que nous menaçons leur survie. Nous avons entièrement changé le modèle de communication avec le personnel pour négocier directement avec les employés élus, pas avec les syndicats. Ce qui veut dire moins d'affiliés payants pour ces délégués chèrement payés. » Vinciane a été représentante au sein du CRE pour le personnel

pp. 308-326 ; Laroche M., Bernier M-E., « Employeurs et anti-syndicalisme au Canada. Une étude juridique des stratégies mobilisées », *Travail et Emploi*, vol. 146, n°2, 2016, pp. 51-74.

49. Ce terme désigne des entretiens de fonctionnement portant le plus souvent sur des absences pour raisons médicales. Jusqu'en 2020, il se tenait systématiquement à Dublin.
50. Golden D., Erne R., "Ryanair Pilots: Unlikely Pioneers of Transnational Collective Action", *European Journal of Industrial Relations*, vol. 28, n°4, 2022, pp. 455-456.
51. Laroche M., Bernier M.-E., *op. cit.*
52. Harvey G., Turnbull P., *op. cit.*, 2015, p. 318.
53. "Ryanair Rejects Claims its Pilot Pay Negotiations are 'a Sham'", *Irish Times*, 16 novembre 2017.

de cabine de Charleroi entre 2010 et 2018. Elle s'y est engagée pour « faire changer les choses, car les conditions de travail devenaient vraiment brutales, surtout pour les travailleurs qui avaient des contrats Crewlink ou Workforce ». Mais rapidement, elle déchante : « C'est une sorte de syndicat d'entreprise. Vous êtes choisi par vos collègues ou vous devenez candidat par vous-même. En tant que CRE, je me rendais à Dublin tous les six mois, pour expliquer les difficultés que les travailleurs rencontrent dans leur travail quotidien et ce qu'il fallait changer. Au bout d'un moment, mes collègues au CRE ont quitté l'entreprise, et j'ai dû recruter de nouvelles personnes. Après huit ans, nous avons rejoint le syndicat [la CNE], car la direction ne nous écoutait jamais, il n'y avait pas de négociations [54]. »

Ces stratégies managériales ne parviennent cependant pas à empêcher, à partir de 2017-2018, l'apparition d'une conflictualité plus ouverte et frontale qui passe notamment par des actions de grève transnationales [55]. Ces actions amènent le management de Ryanair à concéder l'encastrement de la compagnie dans les systèmes de relations professionnelles nationaux de plusieurs pays, dont la Belgique. Ces concessions ne l'amènent cependant pas à jouer de manière intégrative le jeu de la concertation sociale. Au contraire, en Belgique, le management fait tout pour la neutraliser, c'est-à-dire la rendre la plus inopérante possible. L'absence de responsables locaux rend les négociations plus compliquées. Les négociateurs patronaux viennent de Dublin et, même s'ils se font aider par des avocats locaux, ils ne se préoccupent pas de respecter le cadre social belge et ses us et coutumes. Pour eux, ce cadre doit en fait être adapté aux souhaits de la compagnie. Plus fondamentalement, selon les syndicalistes, ils cherchent essentiellement à imposer leur point de vue sans faire de place à une réelle négociation. Pour faire valoir leurs revendications, qui se limitent parfois au seul respect du droit, les délégués et permanents syndicaux n'ont d'autres choix que de recourir à la grève. Ryanair met aussi à profit son organisation productive pour ne pas informer, comme l'impose la loi belge, les représentants du personnel siégeant au conseil d'entreprise et au comité pour la prévention et la protection au travail. N'ayant pas de personnalité juridique distincte en Belgique, l'entreprise se retranche derrière son organisation productive « hyper centralisée » pour affirmer que l'information économique, financière ou sociale spécifique aux bases belges n'existe pas [56]. Or, sans une

54. Entretien avec Vinciane, hôtesse de l'air et déléguée syndicale à Charleroi, le 25 septembre 2020.

55. Vandewattyne J., Bauraind B., « "Ryanair must change" : une victoire sociale et syndicale dans le monde du low cost », in Gracos I., *Grèves et conflictualité sociale en 2018*, *Courrier hebdomadaire du CRISP*, n°2424-2425, 2019, pp. 28-48.

56. En mai 2021, l'inspection sociale belge, inquiète de cette situation, a demandé un avis au Conseil central de l'économie (CCE) concernant l'information économique et financière dans les entreprises de droit étranger ne disposant pas d'une succursale en Belgique, mais dans lesquelles un conseil d'entreprise est institué. L'avis de la CCE va dans le sens des syndicats. Selon l'organe de concertation interprofessionnelle, les directions belges doivent en effet communiquer (sans nécessairement respecter la forme légale belge) les informations mention-

telle information, ces représentants éprouvent d'importantes difficultés à remplir leur rôle. Ces pratiques de neutralisation épuisent les délégués et les permanents. Elles font aussi peser sur eux le risque d'une perte de légitimité du fait de l'absence ou de la maigreur des résultats obtenus ou encore du déséquilibre entre les gains et les sacrifices consentis.

Les déterminants d'une participation collective, conflictuelle et autonome

Comme on l'a vu, l'antisyndicalisme pratiqué par le management de la compagnie n'a pourtant pas pu empêcher l'encastrement de Ryanair dans le système belge des relations professionnelles. Pour ce faire, certains salariés, aidés par des permanents syndicaux, ont saisi les opportunités offertes par le modèle productif bas salaires et les stratégies antisyndicales pour instituer une forme autonome de participation au travail.

Entre 2001 et 2017, les contacts entre la CNE et les travailleurs sont rares et ponctuels. Ils ne concernent que le personnel de cabine et, lorsqu'ils existent, ils s'établissent au moment de la rupture de la relation contractuelle, qu'elle soit volontaire ou non. Il faudra attendre les grèves de 2017 et 2018 pour qu'un collectif syndical s'implante au sein de l'entreprise et qu'il regroupe tant le personnel de cabine que le personnel de cockpit.

La citoyenneté sociale comme préalable à l'engagement syndical

Dans un premier temps, l'action syndicale en soutien au personnel de cabine a lieu de l'extérieur de l'entreprise et prend la forme d'un soutien juridique aux personnels en rupture de contrat et d'actions de lobbying auprès des autorités politiques. En 2003, la CNE intente une première action en justice afin que celle-ci fasse appliquer le droit belge et non le droit irlandais au cas de trois hôtesses et steward dont les contrats n'ont pas été reconduits. Au-delà des situations individuelles, la centrale syndicale cherche surtout à créer un précédent lui permettant de revendiquer l'application du droit belge à l'ensemble des travailleurs basés en Belgique. Cette plainte marque le début d'un long combat judiciaire qui sera marqué, le 14 septembre 2017, par l'arrêt de la Cour de Justice de l'Union européenne (CJUE) stipulant que le droit du travail qui s'applique au personnel navigant est celui du pays de sa base d'affectation, ce que revendiquait la CNE, et non celui du lieu d'enregistrement des avions, ce que défendait la compagnie.

De leur côté, la Fédération européenne des travailleurs des transports (ETF) et la Fédération internationale des ouvriers du transport (ITF) coor-

---

nées dans l'Arrêté Royal du 27 novembre 1973 portant réglementation des informations à fournir aux conseils d'entreprises. Cet avis n'est cependant, à l'heure actuelle, pas contraignant.

donnent également des actions au niveau transnational. En 2012, elles engrangent un résultat majeur. À la suite d'un vote du Parlement européen, le Conseil de l'Union européenne entérine le fait que la sécurité sociale du personnel navigant dépend de sa base d'affectation [57]. Même si l'exécutif européen laisse un délai de dix ans aux compagnies concernées pour régulariser la situation du personnel déjà sous contrat, il s'agit d'une victoire importante pour les syndicalistes issus de pays où le régime de protection sociale offre des taux de remplacement du salaire significatifs.

En Belgique, l'accès à la sécurité sociale et au droit du travail du pays d'affectation va permettre aux travailleurs de Ryanair de mettre à distance le chantage à l'emploi de la direction. De plus, l'accès à la sécurité sociale du pays d'affectation permet aux syndicats de jouer leur rôle traditionnel de proximité et d'assurer leur fonction de service. Des actions qui ont servi de support aux permanents pour entrer en contact avec les travailleurs et gagner leur confiance : « À Bruxelles, on a commencé avec de l'*organizing* dans les cafés aux abords de l'aéroport. Les travailleurs bruxellois recevaient de l'aide pour leur déclaration d'impôt par exemple, c'était du syndicalisme de service. Cela existait déjà à Charleroi. Donc en plus d'amener le débat sur la lutte, on dit aux travailleurs qu'on va également les aider pour résoudre leurs petits problèmes administratifs. Cela contribue à augmenter la confiance [58]. »

À l'action des permanents à l'extérieur de l'entreprise s'ajoute progressivement celle des futurs délégués syndicaux à l'intérieur de la compagnie.

Quand l'antisyndicalisme produit du syndicalisme

Certaines propriétés d'un modèle de production *a priori* hostiles au syndicalisme peuvent au contraire, dans certaines circonstances, favoriser son implantation. La déterritorialisation, l'absence d'interlocuteur patronal dans les bases, la mise en place d'un espace de dialogue social interne et le modèle productif axé sur les bas salaires peuvent être considérées comme des entraves au syndicalisme. Pourtant, au fil du temps, ces dimensions ont aussi contribué à l'implantation du syndicalisme chez Ryanair.

Après sa formation, le personnel de cabine est informé de sa base d'affectation qui est parfois très éloignée de son pays d'origine. Arrivé sur place, le personnel se trouve souvent très démuni face à l'accès au logement et aux démarches à réaliser dans le pays d'affectation dont il ne maîtrise que rarement la langue officielle. Vu le niveau des salaires, la colocation s'avère un passage obligé. Les travailleurs s'y regroupent par nationalité ou affinité linguistique.

57. Règlement UE n°465/2012 du Parlement européen et du Conseil, le 22 mai 2012.
58. Entretien avec Tom, permanent syndical de l'ACV Puls, le 30 janvier 2019.

Ces communautés de vie, qui répondent au départ à la grande précarité des situations individuelles, vont être des lieux clés d'échanges, d'indignation et de syndicalisation.

En l'absence d'une direction des ressources humaines, les premiers militants syndicaux prennent en charge l'accompagnement des nouveaux arrivés. À Charleroi, une base où le *turnover* est particulièrement important, ce sont les travailleurs les plus anciens qui assurent l'accueil des nouveaux. Ils servent d'intermédiaire avec l'administration belge, expliquent les fiches de paie ou orientent les jeunes travailleurs étrangers vers les colocations. Pascual, steward chez Ryanair depuis 2009 et délégué depuis 2018, explique que, si son téléphone sonne aussi souvent lors de l'entretien : « c'est parce que c'est le jour des fiches de paie. Les fiches de paie, c'est un cauchemar chez Ryanair. Il y a toujours des erreurs de salaire. Alors, j'aide les travailleurs à calculer leurs arriérés de salaire [...] Ce n'est pas mon boulot en tant que syndicaliste, mais ça permet d'entrer en contact [59] ». Cette prise en charge de tâches traditionnellement dévolues au service du personnel est un facteur de légitimation pour les syndicalistes. Il explique en partie le fait que tous les personnels de cabine basés en Belgique ou presque sont aujourd'hui affiliés à la CSC.

La déterritorialisation étend également le champ de l'action collective. Au cours de leurs affectations successives, certains délégués syndicaux ont construit des liens avec des travailleurs d'autres bases. Ces relations sont facilitées par la maîtrise minimale commune de l'anglais et l'usage des réseaux sociaux. Pour Tom, permanent de l'ACV Puls, c'est une situation inédite : « Pour moi, Antonio [délégué syndical à la base de Bruxelles] est une figure emblématique de la nouvelle Europe. Il a été victime de la crise économique au Portugal et est parti aux Pays-Bas (Eindhoven), avant ça, il était basé en Italie. Ensuite, il est passé par l'Angleterre pour avoir son contrat Ryanair et est revenu à Eindhoven où il a fait connaissance avec le syndicat FNV [60]. Maintenant, il est délégué syndical à Bruxelles. Il est concerné par la lutte sans être lié à un lieu particulier. Son réflexe est européen. Nous avons divisé les tâches et il est devenu la personne de liaison avec les représentants des autres pays. Comme il n'a pas d'attache géographique, il peut être autant concerné par des problèmes qui se posent en Allemagne ou en Espagne. C'est tout à fait différent par rapport aux autres entreprises que je suis [61]. » La mobilité géographique, parfois forcée, que connaissent les travailleurs de Ryanair apparait clairement comme une ressource pour le développement d'un syndicalisme transnational dans lequel s'impliquent des représentants du personnel, et pas seulement des permanents. C'est donc un syndicalisme qui peut aussi se construire à partir de la base et pas uniquement *via* les structures établies.

59. Entretien avec Pascual, steward et délégué syndical de la base de Charleroi, le 27 juin 2022.
60. La Federatie Nederlandse Vakbeweging (FNV) est un syndicat hollandais.
61. Entretien avec Tom, permanent syndical de l'ACV Puls, le 18 février 2020.

S'il a été un facteur de contournement des syndicats, parfois d'épuisement des représentants du personnel et, chez certains, d'acculturation aux impératifs du modèle *ultra low cost*, le système des CRE a aussi été fondamental dans l'émergence d'une délégation syndicale en Belgique. Au niveau des pilotes, il est à l'origine de la création d'une représentation transnationale. En quittant les CRE en 2004, les représentants des pilotes irlandais (voir ci-dessus) ont non seulement introduit une action en justice contre la compagnie, créé un site web permettant d'échanger anonymement sur les conditions de travail, mais aussi œuvré à la création d'un collectif transnational défendant le personnel de cockpit de la compagnie : le Ryanair Transnational Pilot Group (RTPG) [62]. Depuis 2017, le RTPG interagit avec la direction de Ryanair et les délégués syndicaux pilotes basés en Belgique en sont membres.

L'expérience acquise au sein des CRE a également contribué à l'émergence du syndicalisme chez le personnel de cabine. Certains délégués syndicaux y ont acquis une connaissance fine des conditions de travail et du niveau des salaires au sein de la compagnie ainsi que certaines compétences de négociation. Ils y ont construit un réseau de contacts européens qui s'est avéré précieux pour l'organisation des grèves transnationales en 2018. Enfin, au fil des années, ils sont devenus des personnes-ressources pour leurs collègues, ce que Christina, une hôtesse déléguée syndicale, mentionne : « La représentante de Zaventem au CRE s'appelait Esmeralda et lorsque vous travailliez avec elle, elle prenait un peu de son temps pour vous demander comment vous alliez, où vous viviez, comment vous vous rendiez au travail, etc. Elle s'occupait d'autres travailleurs et a lentement commencé à construire un réseau de travailleurs qui étaient prêts à rejoindre un groupe WhatsApp dédié à partager des informations sur nos conditions et à coordonner nos efforts [63]. »

Enfin, la recherche constante de flexibilité du temps de travail par la compagnie a paradoxalement produit l'environnement propice à un changement du rapport de force entre la direction et le RTPG. Entre septembre 2017 et mars 2018, Ryanair se voit obligée d'annoncer la suppression d'environ 20 000 vols. La direction se justifie en invoquant successivement des problèmes de ponctualité, de météo ou une grève de contrôleurs aériens en France. Mais, rapidement, elle est poussée à reconnaître qu'elle fait face à une pénurie de pilotes et de copilotes liée d'une part à son interprétation trop extensive de la réglementation européenne en matière d'heures de vol annuelles maximum [64] et d'autre part, à une vague de départs de pilotes. Mécontents de leurs conditions d'emploi et de travail, bon nombre d'entre eux font le choix de l'*exit* [65] et

62. Geary J. F., *op. cit.*
63. Entretien avec Christina, hôtesse de l'air et déléguée syndicale sur la base de Bruxelles, le 28 décembre 2020.
64. Règlement UE n°83 de la Commission européenne, le 29 janvier 2014. Golden D., Erne R., *op. cit.*
65. Hirschman A., *op. cit.*

optent pour des compagnies plus rémunératrices. Dans ce contexte de pénurie, le personnel de cockpit, organisé au sein du RTPG, est à l'origine des grèves qui se déroulent de la fin de l'année 2017 à la fin 2018.

Une participation conflictuelle à l'entreprise

Entre septembre 2017 et la fin de l'année 2018, Ryanair connaît une période remarquable sur le plan de la conflictualité sociale. Sous le slogan « *Ryanair must change* », les pilotes et les copilotes dans un premier temps, puis le personnel de cabine dans un second temps, organisent plusieurs actions de grève, dont deux transnationales. Selon le permanent de l'ACV Puls, « ce mouvement a ouvert les yeux de tous les travailleurs européens. Ils se sont rendu compte qu'il était possible de se mettre en grève sans se faire licencier. Jusqu'alors, il avait toujours été possible de remplacer les grévistes et il existait une réelle peur du mouvement de grève [66] ».

Alors que les vols sont annulés par la compagnie, les travailleurs se retrouvent en nombre à l'aéroport lors des jours de grève. Ces rassemblements sont des moments collectifs importants pour des travailleurs qui, durant les heures de travail, n'ont que très rarement l'occasion d'échanger. Dans les avions, les équipes de travail sont réduites et, dans les bases d'une certaine importance, elles changent continuellement. Ces rassemblements sont aussi des occasions d'affirmer la cohésion du groupe et, pour la délégation, de tenir des assemblées avec le personnel : « C'est le seul moment où tu peux voir tout le monde ensemble, où tu peux demander aux gens s'ils sont affiliés, s'ils ont un problème avec la compagnie. Parce que certaines personnes n'aiment pas parler de leurs problèmes de travail. Ils ont peur, ils se méfient, ils croient que nous travaillons pour Ryanair et que nous allons dire à la compagnie que telle personne ou telle personne s'est plainte [67]. » Chez Ryanair, le temps syndical est en effet quasiment inexistant. L'information circule par le biais des groupes WhatsApp ou, de façon plus individualisée, durant les vols.

Pour Antonio et d'autres délégués, la relation conflictuelle qu'ils entretiennent désormais ouvertement avec leur employeur est même devenue une raison de rester chez Ryanair : « Malgré tous les éléments négatifs, lorsque je mets les pour et les contre sur une échelle, le bilan reste positif. Tout d'abord, car, pour des raisons familiales, ce job me convient personnellement. J'ai aussi toujours un grand plaisir de voler, de rencontrer les passagers. [...] Et puis, je ne veux pas quitter Ryanair maintenant, alors que nous sommes si proches de changer les choses. Aujourd'hui, nous osons discuter d'une convention collective à l'intérieur de la *Crew Room* [68]. Quand vous voyez d'où on vient, c'est incroyable [69] ! »

66. Entretien avec Tom, permanent ACV Puls, le 30 janvier 2019.

Les grèves menées en 2017-2018 ont amené le management de Ryanair à faire d'importantes concessions par rapport à ses pratiques sociales. En Belgique, elles débouchent d'abord sur la reconnaissance de l'acteur syndical et l'instauration, le 11 octobre 2018, d'une délégation syndicale. Sa composition atypique est révélatrice de la politique de recrutement de Ryanair. Aucun des neuf représentants du personnel de cabine n'est belge. Ils viennent d'Espagne, du Portugal, de Grèce, de Lituanie et d'Italie. Ils ont progressivement construit leur vie en Belgique, certains y ont même fondé une famille. Les syndicalistes pilotes de la base de Charleroi sont Belges. Les délégués des pilotes de la base de Bruxelles sont Français et Hollandais.

En 2019, la négociation collective produit ses premiers résultats. Le 15 février, les pilotes affectés aux bases belges approuvent une première convention collective de travail portant sur les salaires, le rythme de travail et la possibilité d'être payé sur un compte belge. Le 1er avril, la direction accepte de transformer les contrats irlandais Crewlink ou Workforce des personnels de cabine en contrats Ryanair respectant le cadre légal en vigueur en Belgique. En mai, un protocole d'accord portant notamment sur le salaire minimum est conclu. Le 3 juin 2019, le personnel de cabine, comme les pilotes avant lui, approuve à une large majorité des votants une première convention collective de travail. En mai 2020, des élections sociales sont organisées au sein des deux bases belges au terme desquelles un CE et un CPPT sont institués. 80% des travailleurs y prennent part, ce qui est vécu comme un plébiscite par la CNE et l'ACV Puls.

***

En Europe, le néolibéralisme a multiplié les possibilités pour le capital de se désencastrer des systèmes de relations professionnelles, hérités de la période dite fordiste. Ce contexte hostile au syndicalisme, à la négociation collective ou encore à l'usage de la grève montre que la citoyenneté industrielle ne peut être considérée comme un statut acquis, mais bien comme une forme de participation à l'entreprise, en perpétuelle remise en cause, et dont les caractéristiques évoluent en fonction de l'état du rapport de force entre le travail et le capital. Si la configuration fordiste de l'économie ne favorisait pas spontanément des relations professionnelles équilibrées, le néolibéralisme n'exclut pas d'emblée l'émergence de formes de participation collective, autonome et conflictuelle dans l'entreprise.

Dans le cas de Ryanair, pour accéder à cette citoyenneté « démarchandisée », l'acteur syndical a d'abord dû gagner l'accès à la sécurité sociale belge

67. Entretien avec Pascual, steward et délégué syndical à Charleroi, le 27 juin 2022.
68. Pièce réservée au *briefing* des équipages Ryanair dans l'aéroport.
69. Entretien avec Antonio, steward et délégué syndical à Bruxelles, le 16 décembre 2019.

pour les travailleurs déplacés de Ryanair. L'accès à la citoyenneté sociale a en effet permis d'asseoir la lutte en faveur de la citoyenneté industrielle, ce qui montre l'importance de l'universalité des systèmes de sécurité sociale dans une perspective contemporaine de démocratisation de l'entreprise.

Le combat mené par certains salariés de Ryanair affectés en Belgique a ensuite consisté à instrumentaliser, de manière parfois involontaire, le modèle productif antisyndical de la compagnie pour l'encastrer dans le système belge des relations professionnelles. Cela montre que, malgré tout, l'entreprise multinationale néolibérale est porteuse d'opportunités en faveur d'une adaptation du syndicalisme articulant stratégiquement les échelles locale, nationale et transnationale et faisant une large place au délégué de terrain.

Les recompositions d'une forme de « citoyenneté docker »

La lutte contre la circulation des armes d'un collectif de travailleurs du port de Gênes

Julien O'MIEL

Julien O'Miel est maître de conférences en science politique. Ses recherches actuelles portent sur les mobilisations de travailleurs portuaires. Il développe l'usage des images dans ses enquêtes. Il a également travaillé sur la sociologie de l'expertise et l'action publique. Il a récemment publié, avec Magali Nonjon et Julien Talpin, « Quand la carte fait loi. Cadrage et légitimation statistique de la réforme de la géographie prioritaire de la politique de la ville » in T. Aguilera et al. (dir.), Les cartes de l'action publique. Pouvoirs, territoires, résistances, *Villeneuve d'Ascq, Presses universitaires du Septentrion, 2021.*

Notre première rencontre avec des membres du Collettivo autonomo dei lavoratori portuali [1] (CALP) de Gênes se déroule le 13 novembre 2021, à Port-de-Bouc, petite ville communiste proche de Marseille. Au cinéma local, à l'initiative des travailleurs portuaires de la ville et de membres d'Amnesty international, les dockers italiens sont invités à présenter leur lutte singulière contre la circulation des armes. À cette occasion, le documentaire d'Alain Tanner, *Les hommes du port* [1995] [2] sert de base à la discussion [3]. Ce dernier y décrit notamment la spécificité de la Compagnia Unica Lavoratori Merci Varie [4] (CULMV), qui dispose à cette époque du monopole de la distribution

1. Collectif autonome des travailleurs du port. Nous traduisons les noms de collectifs ainsi que les extraits d'entretien qui, sauf autre mention, ont été réalisés en italien.
2. Le documentaire est en accès libre sur internet.
3. L'écrasante majorité de la force de travail est constituée d'hommes. Selon l'association des ports italiens Assoporti, la part des travailleuses dans les ports ne dépasse pas les 8 %. Elles occupent pour la plupart des emplois de bureau. Dans la rédaction, nous utilisons donc le générique masculin lorsque nous évoquons les salariés du port. Pour une réflexion sur la masculinité des travailleurs portuaires, voir Pigenet M., « À propos des représentations et des rapports sociaux sexués : identité professionnelle et masculinité chez les dockers français (XIXe-XXe siècles) », *Le Mouvement Social*, vol. 198, n°1, 2002, pp. 55-74.
4. Compagnie unie des travailleurs de l'industrie des biens divers.

du travail sur le port. L'organisation autogestionnaire de la CULMV fait la fierté des travailleurs interrogés qui la relient à son identité anarchiste et communiste [5], à l'instar de son consul historique, Paride Batini [6].

La CULMV est par ailleurs particulièrement encastrée dans l'aire communiste et la Confederazione Generale Italiana del Lavoro [7] (CGIL), la principale confédération syndicale italienne, d'obédience communiste [8]. À tel point que depuis les années 1940, elle est considérée comme l'équivalent du syndicat au niveau local et provincial, ses dirigeants siégeant à ce titre dans les instances de la fédération nationale des travailleurs portuaires, affiliée à la CGIL.

Sorti en 1995, en pleine période de libéralisation des activités portuaires [9], le documentaire brosse le portrait d'une époque qui s'achève. Depuis lors, les statuts particulièrement protecteurs accordés aux dockers ont été progressivement démantelés – mettant fin, par la même occasion, aux monopoles syndicaux dans la gestion de la main-d'œuvre [10]. Les vagues de privatisation de terminaux portuaires se sont succédé, laissant la place aux géants du secteur. C'est ainsi que la plupart des terminaux génois sont tombés dans l'escarcelle de grandes multinationales du transport maritime. Si, dans le film de Tanner, un docker de la CULMV ose affirmer : « oui, l'autogestion est compatible avec la privatisation [du port] », les travailleurs des terminaux privés ont largement perdu depuis leur capacité d'auto-organisation [11]. Les lieux de sociabilité des dockers – historiquement lieux de recrutement de la main-d'œuvre – ont progressivement disparu [12]. Les relations professionnelles se sont transformées, affaiblissant la représentation des travailleurs, lesquels se trouvent désormais majoritairement subordonnés aux compagnies privées [13]. Tout semble donc concourir à des processus de dépolitisation du travail, ou tout du moins à la décrue de l'action contestataire sur les lieux d'activité [14].

5. Les membres de la CUMLV et tout particulièrement ses dirigeants successifs sont membres de Lotta Comunista, groupe communiste dissident fondé à la suite de l'adhésion de certains partisans génois aux Groupes anarchistes d'action prolétarienne (GAAP) en 1951. Lotta Comunista est surtout implantée à Gênes où se situe son siège.
6. Dans l'organisation de la compagnie, un consul est élu tous les trois ans à la majorité absolue des travailleurs de la CUMLV. Au-delà de son rôle dans l'organisation du travail, il exerce également une fonction symbolique et politique dans la représentation locale de la corporation. Sur la figure de cet ancien consul, fils de partisans anarchistes décédé en 2009, voir Minella M., Batini P., *Il Console: Paride Batini: la sua vita, il suo porto*, Gênes, De Ferrari, 2010.
7. Confédération générale italienne du travail.
8. Voir Caligari M., *Dall'uncino ai container: i lavoratori portuali di Genova in una prospettiva globale*, Milan, Franco Angeli, 2021, pp. 53-54.
9. La grande réforme de libéralisation des ports italiens pour mise en conformité avec le droit communautaire s'appuie sur une loi du 28 janvier 1994. Pour une analyse juridique voir Tizzano A. et al., "Cronache comunitarie: La legge italiana di riforma dei porti ed il diritto comunitario", *Il Foro Italiano*, vol. 117, 1994, pp. 367-368 et pp. 391-392.
10. Voir Pigenet M., « Modalités d'embauche et pratiques professionnelles. Aux sources des sociabilités militantes dans le syndicalisme docker », *Politix*, vol. 16, n°63, 2003, pp. 79-90.
11. Voir Bottalico A., *Le frontiere del mondo. Viaggio nella filiera del container*, Rome, Edizioni dell'Asino, 2022 ; Caligari M., *op. cit.*

La mobilisation des travailleurs du CALP, dont la plupart ne sont pas même membres de la CULMV, peut sembler d'autant plus étonnante. Comment, malgré la précarisation du travail et la dilution des espaces traditionnels de socialisation politique dans le port, ce collectif réussit-il à faire exister des formes singulières de politisation de l'engagement au travail ? L'originalité du CALP provient de ce qu'il contribue à une recomposition de la « citoyenneté docker » qui s'appuie moins sur le registre classique de la mobilisation syndicale et corporative que sur la construction d'un rôle de lanceur d'alerte. Nous entendons par citoyenneté docker la façon dont les travailleurs dans le contexte portuaire construisent politiquement les droits et devoirs afférents à leur communauté professionnelle, mais également leur rôle dans un espace politique plus large que celui du travail [15]. Notre acception de la notion « ne se limite pas *a priori* à la sphère du travail. Si la citoyenneté est industrielle, c'est parce qu'elle part des institutions du travail et non parce qu'elle se limite à celles-ci. Elle est informée par ce qui se passe en dehors du travail (ou, plus précisément, hors de ce qui est socialement reconnu comme du travail) et l'informe en retour [16] ». Nous ne mobilisons pas ici cette notion comme un horizon normatif mais bien parce qu'elle permet, à partir de l'analyse des relations de travail, de saisir les différenciations qui se jouent entre travailleurs dans la construction de formes organisées de représentation de leurs intérêts et de leurs valeurs. Nous nous intéressons ici à la façon dont les critiques adressées par ces dockers aux formes institutionnalisées de la représentation des travailleurs au port – autrement dit le « régime de citoyenneté » – les amènent non seulement à renouer avec des formes de luttes syndicales plus antagoniques, mais également à construire un collectif *sui generis* qui déborde de l'espace de travail pour s'inscrire dans des espaces de mobilisation plus larges et éloignés des enjeux du travail.

L'article défend la thèse selon laquelle le CALP est le fruit des recompositions contemporaines du syndicalisme italien à travers lesquelles se réévaluent la place de l'espace de travail, des préoccupations salariales et des modes d'action syndicaux traditionnels. La lutte du CALP contre la circulation des armes et la façon dont il noue des alliances avec d'autres groupes antimilitaristes à l'échelle européenne ne peuvent par ailleurs se comprendre qu'à travers l'iden-

---

12. Il reste quelques petits bar-restaurants à l'intérieur du port dans lesquels les travailleurs ont leurs habitudes, mais il ne s'agit plus de lieux de recrutement de la main d'œuvre.
13. En 2021, sur 3 407 employés, 2 337 le sont par des firmes privées. Seuls 1 070 travaillent encore pour la CULMV. Voir Autorità di sistema portuale Mar Ligure Occidentale, « Piano organico del porto 2021-2023 dei lavoratori delle imprese di cui agli art. 16, 17, 18 L.84/94 », p. 33.
14. Giraud B., « Des conflits du travail à la sociologie des mobilisations : les apports d'un décloisonnement empirique et théorique », *Politix*, vol. 86, n°2, 2009, pp. 13-29.
15. Pour une critique du concept de citoyenneté industrielle, voir Allal A., Yon K., « Citoyennetés industrielles, (in)soumissions ouvrières et formes du lien syndical : pour une sociologie politique des relations de travail », *Critique internationale*, vol. 87, n°2, 2020, pp. 15-32.
16. *Ibid.*, p. 23.

tité de métier de ces dockers, laquelle est indissociable de leur position spécifique dans les circuits du capitalisme. Les travaux sur la « révolution logistique [17] » ont souligné le rôle stratégique de ces travailleurs du flux – des marins [18] et dockers [19] jusqu'aux camionneurs, aux manutentionnaires des plateformes logistiques et aux livreurs à vélo – du fait de leur situation dans les « *choke points* » (goulots d'étranglement) du capitalisme [20]. Leur position dans l'échange mondialisé de marchandises leur octroie un pouvoir de blocage plus ou moins important, un « pouvoir structurel » que certains travaux s'emploient à objectiver en usant parfois de matrices statistiques très élaborées [21]. Certaines recherches en déduisent que ces travailleurs disposent d'un important pouvoir de négociation vis-à-vis des entreprises et de l'État ; d'autres montrent au contraire qu'il n'existe pas de lien évident [22]. Nous n'entrerons pas ici dans une telle logique de « calcul » d'un ratio position/pouvoir. L'article entend plutôt saisir comment des ouvriers inventent des formes de subjectivité politique originales à partir de cette position de « pouvoir structurel » – qu'il soit effectif ou non – et comment ils en font le fondement de leur engagement dans des espaces de mobilisation étrangers à la question du travail.

La recherche se base sur une enquête filmique [23] menée entre 2022 et 2023 (mars, juin et décembre 2022, juin 2023) par entretiens et observations auprès de plusieurs membres du CALP afin de reconstituer les logiques de construction du collectif et les représentations que ses membres se font de leur cause. Deux manifestations antimilitaristes (juin 2022 et février 2023) ont été observées ainsi que plusieurs débats auxquels a participé le collectif pour présenter sa lutte. Nous avons également pu suivre un des membres du groupe lors d'une conférence organisée au Parlement européen. Un travail d'archivage des publications en ligne a également été réalisé à partir des publications des comptes liés au CALP, ainsi qu'une revue de la presse locale, nationale et internationale évoquant leur lutte. Par ailleurs, plusieurs entretiens ont été menés avec des membres d'organisations catholiques, d'organisations non

17. Bonacich E., Wilson J. B. (eds.), *Getting the Goods: Ports, Labor, and the Logistics Revolution*, Ithaca, Cornell University Press, 2008.
18. Flécher C., *À bord des géants des mers. Ethnographie embarquée de la logistique globalisée*, Paris, La Découverte, 2023.
19. Voir Pigenet M., « Les dockers : retour sur le long processus de construction d'une identité collective en France, XIXe-XXe siècles », *Genèses*, vol. 42, n°1, 2001, pp. 5-25.
20. Voir Quet M., *Flux. Comment la pensée logistique gouverne le monde*, Paris, La Découverte, 2022.
21. Perrone L., "Positional Power, Strikes and Wages", *American Sociological Review*, vol. 49, n°3, 1984, pp. 412-426.
22. Vgontzas N., "A New Industrial Working Class?: Challenges in Disrupting Amazon's Fulfillment Process in Germany" in Alimahomed-Wilson J., Reese E. (eds.), *The Cost of Free Shipping: Amazon in the Global Economy*, Londres, Pluto Press, 2020, pp. 116-128.
23. L'enquête a été menée en collaboration avec le cinéaste Perin Caspar, à qui je rends hommage ici. Ce travail n'aurait pas existé sans lui. Pour des développements méthodologiques sur la sociologie filmique, voir Sebag J., Durand J.-P., *La Sociologie filmique. Théories et pratiques*, Paris, Éditions du CNRS, 2020.

gouvernementales (ONG) et de mouvements étudiants ayant à chaque fois une position relativement centrale dans leur propre espace militant. Cette campagne d'entretiens s'inscrit dans une immersion de plusieurs mois au sein des groupes de sociabilité militante locaux. L'enquête vise à saisir les ressorts de la pluralité des engagements militants à la fois locaux et transnationaux de ces dockers, en les suivant dans les différents espaces de mobilisation où ils circulent. La dimension visuelle de l'enquête est envisagée non seulement comme un moyen de restituer les résultats de la recherche dans un format audiovisuel, mais aussi comme un matériau (qu'il soit produit dans le cours de la recherche ou par nos enquêtés). Nous mobilisons dans l'article des photographies qui participent de l'administration de la preuve de notre propos.

La première partie de l'article s'intéresse à la constitution du collectif et à la façon dont son insertion et sa circulation dans l'espace des mobilisations locales définissent un groupe de travailleurs portuaires syndicalistes à la croisée des revendications ouvrières et antifascistes. La position de ces dockers à l'interface du monde du port et des mobilisations dans la ville les dispose à des formes d'engagement qui ne relèvent pas *stricto sensu* du monde du travail. À cet effet, la seconde partie revient sur la façon dont se construit progressivement la circulation d'armes en cause collective centrale dans l'engagement de ces manutentionnaires du port, adossée à une conscientisation de leur position de classe dans le capitalisme logistique. Cette position spécifique et la capacité de blocage de la marchandise indigne qui y est associée rendent possible leur circulation transnationale et l'engagement d'autres segments de la lutte antimilitariste auprès de ces dockers.

Se mobiliser au travail et en dehors du travail : un collectif de travailleurs ancré dans les luttes locales

Il est difficile de prime abord de définir le périmètre d'appartenance au CALP. En tant que collectif informel, il n'y a pas de fichier d'adhérents, d'organigramme officiel permettant d'ordonner le groupe. Si les membres les plus centraux que nous avons pu rencontrer fixent à une vingtaine les effectifs du CALP, sa fréquentation donne à voir un groupe resserré d'une dizaine de membres. Pour autant, les membres du collectif se distinguent, dès sa création, par une pratique syndicale ancrée dans l'espace professionnel avec un discours de classe et une implication dans d'autres types de luttes sociales locales, étudiantes et antifascistes.

Des dockers opéraïstes et antifascistes

Le communiqué relatant la création du collectif signe la façon dont ces salariés du port entendent s'inscrire dans l'histoire et les luttes politiques locales :

« Nos points de référence sont les grandes luttes de la classe ouvrière génoise et l'antifascisme. Cela nous amène à ne pas être enfermés dans la réalité du port mais à essayer de participer aux conflits qui traversent notre terre. Nous avons toujours été les fils de cette ville rebelle et solidaire. Nos grands-pères et nos pères nous ont enseigné à l'aimer et à la défendre. À ce jour, le collectif maintient vivante la discussion entre les différentes réalités portuaires et syndicales, et il est toujours prêt à soutenir le conflit singulier tout comme les manifestations de rue les plus vastes et importantes. Nous sommes ceux qui débutent les journées de lutte avec quelques heures d'avance, vous nous trouverez toujours derrière la fumée des pneus, jamais fatigués de faire notre part [24]. »

Ce manifeste prend forme dans une période d'émulation de la gauche radicale italienne durant laquelle sont interrogés les modes d'organisation des mondes prolétaires. Les fondateurs du CALP choisissent d'ailleurs comme date officielle de la création du collectif le 15 octobre 2011, jour de la grande manifestation de Rome qui fait suite à un appel international des indignés espagnols et du mouvement Occupy the World. Le cortège est particulièrement suivi et marqué par une forte conflictualité avec les forces de l'ordre. Il s'inscrit dans une période d'effervescence des mouvements sociaux et de crise financière mondiale. En Italie, comme ailleurs, les réformes du marché du travail sont nombreuses et contribuent à la précarisation du salariat. Dans ce contexte, le climat politique et intellectuel est à la refondation d'une force de gauche sur la base d'une critique du mouvement social italien. Au-delà de la date symbolique de création du collectif, plusieurs de ses membres actuels sont des protagonistes locaux de discussions politiques nationales. Maurizio [25], membre fondateur du CALP, fait directement référence à l'expérience de Noi saremo tutto [26], collectif implanté dans différentes villes italiennes et qui participe à l'organisation de la manifestation romaine. Ce collectif publie un ouvrage en janvier 2012, synthèse de plusieurs années de discussions dans différents séminaires, sous la direction d'Emilio Quadrelli, historien des luttes ouvrières, et Paolo Cassetta, ex-brigade rouge. Le livre, intitulé *Nouvelle composition de classe, conflits et organisation* [27], part d'une réflexion sur la fin du Parti communiste italien (PCI) et l'incapacité de la gauche extraparlementaire à représenter la classe ouvrière. Il appelle à une réflexion sur la recomposition de classe face à l'émergence d'une nouvelle figure sociale : le

24. Voir le blog du CALP intitulé « Working class, birra e guai » et le manifeste en question à l'URL suivante : https://calp238599372.wordpress.com/2018/03/12/primo-articolo-del-blog/ (consulté le 04/01/2023).
25. Nous avons anonymisé le nom des membres du CALP évoqués dans l'article afin d'empêcher l'identification des locuteurs tout en permettant de rattacher les discours au groupe.
26. « Nous serons tout ».
27. Voir Casetta P., Quadrelli E., *Nos saremo tutto. Nuova composizione di classe, conflitto et organizzazione*, Ancona, Gwynplaine, 2012.

travailleur déqualifié. Parmi les membres du CALP, plusieurs estiment s'être socialisés politiquement au sein d'organisations communistes ou de collectifs de l'autonomie italienne.

La référence à la recomposition de classe et à la construction d'une force politique transcendant les appartenances syndicales se comprend également au regard de l'histoire politique du port de Gênes. Les différents membres du CALP font directement référence à deux collectifs historiques de dockers génois ayant existé dans les années 1960-1970, fondés par des dockers sortis du PCI et de la CGIL et proches de collectifs de l'autonomie italienne (Lotta Continua [28]) : le Comitato di agitazione permanante del porto, devenu par la suite Colletivo operaio portuale [29]. Bruno Rossi est l'un des protagonistes de cette histoire. Intime du CALP dont il participe à toutes les manifestations, il constitue par ailleurs un intermédiaire entre le collectif et des intellectuels opéraïstes. C'est le cas de Sergio Bologna, ancien membre de Potere operaio [30], fondateur de revues opéraïstes historiques comme *Classe operaia* et *Primo maggio* et grand spécialiste du capitalisme logistique, et de Riccardo Degl'Innocenti, auteur de plusieurs articles sur les dockers de Gênes [31].

Ces positions idéologiques s'incarnent dans la façon dont les membres du CALP circulent entre différents espaces militants locaux :

> « Donc on a commencé à réfléchir à ce qu'on devait faire, pour rester à flot, genre, vivant en tant que collectif. Nous avons alors pensé [...] apporter notre solidarité à ces travailleurs qui n'ont pas une force, disons, contractuelle comme la nôtre, un peu toujours dans la même perspective "recomposition de classe", c'est-à-dire les dockers, symbole de Gênes, symbole des grèves, des luttes du 30 juin, qui vont à la grève des professeurs universitaires, des métallurgistes, des coopératives, pour aider à organiser la grève [...] et donc voir les dockers arriver avec le fourgon, les caisses, la bande-

28. « La lutte continue ».
29. Comité permanent d'agitation portuaire et Collectif des travailleurs portuaires. Dans un post sur les réseaux sociaux du CALP, une référence explicite à l'héritage de ces deux collectifs renvoie à la question de l'unité de la classe ouvrière au-delà des divisions syndicales. "Le lotte sono la materia prima per il prodotto che vogliamo costruire, l'organizzazione operaia" (Les luttes sont la matière première du produit que nous voulons construire, l'organisation ouvrière), 20 avril 2022.
30. Le pouvoir des travailleurs, groupe majeur de l'opéraïsme italien fondé en 1967.
31. Il s'agit d'une revue fondée en 1973 par Sergio Bologna, Brono Cartosio et Primo Moroni. Les publications sont notamment consacrées aux transformations du travail et un chantier de réflexion porte sur ce qui ne s'appelle pas encore la logistique. La revue s'éteint en 1989 pour renaître récemment de ses cendres à travers une nouvelle revue, *Officina Primo Maggio*, fondée entre autres par Sergio Bologna avec la participation de Riccardo Degl'Innocenti. On y trouve une analyse de la situation contemporaine des travailleurs portuaires en écho à un article sous forme d'entretien avec le Colletivo operaio portuale. Voir Riccardo Degl'Innocenti, "I portuali di Genova. 40 anni dopo", *Officine Primo Maggio*, mars 2018 et Colletivo operaio portuale, "I portuali di Genova", *Primo Maggio*, hiver 1977-1978.

role, préparés par nous, préparés pour eux, avec les torches, qui organisent le cortège, qui font le service d'ordre… » Entretien avec Maurizio, CALP/USB, 22 juin 2022, Gênes.

Nous avons pu observer la façon dont le CALP est régulièrement invité par des collectifs en lutte en tant que groupe d'appui ou de référence, et tout particulièrement par les étudiants et étudiantes de Gênes.

Le CALP en appui des luttes étudiantes génoises

Lors de l'enquête, nous nous sommes entretenus à plusieurs reprises avec des représentants des luttes étudiantes qui ont pu mettre en avant l'implication du CALP dans leur propre lutte. Lors de l'occupation d'un bâtiment de l'université de Gênes en 2020, le CALP est le premier groupe à être invité par les étudiants et étudiantes dans les locaux occupés [32].

Comme nous le dit en entretien une des cheffes de file de l'occupation du bâtiment de l'université : « on leur a dit "venez-nous raconter votre lutte". Il y avait vraiment plein de gens, ça a été un moment important parce que ça a permis de connecter les luttes étudiantes avec les travailleurs du port et leur lutte contre les armes. » Lors de nos observations, nous avons pu voir comment les liens se sont renforcés entre des étudiants et étudiantes et les membres du CALP. Cette étudiante, qui appartient désormais au même cercle de réflexion communiste que Maurizio, est également entrée dans la branche travail précaire du syndicat USB dont la majeure partie des dockers du collectif sont délégués syndicaux (*cf. infra*). Elle nous explique en entretien l'intensité de ces relations : « moi, personnellement j'ai un lien extrêmement fort avec le CALP […] pour moi ce sont des frères, des pères entre guillemets [rires], et même s'il y a une grande différence d'âge, on vit ensemble. Il est très difficile qu'il ne se passe quelque chose sans qu'ils soient au courant et vice versa, on vit vraiment à deux pas les uns des autres [33] ».

Par ailleurs, il n'est pas rare que les dockers du CALP occupent une position singulière dans les événements protestataires et notamment les manifestations, qu'ils soient en première ligne de la manifestation ou que certains slogans y fassent directement référence. Lors de la manifestation antimilitariste de juin 2022 que nous avons observée, notoirement organisée par des organisations de jeunesse, les dockers du CALP repérables par leur T-shirt à l'effigie du collectif circulent dans la manifestation. Lors d'un des multiples arrêts de la manifestation où plusieurs personnes prennent le micro pour y déclamer des discours, Jacky, figure tutélaire du collectif, prend la parole au nom du CALP. À l'issue de son discours, la foule, et notamment plusieurs jeunes d'une vingtaine d'années qui y animent les temps et les chants du cortège reprennent en chœur : « *I camalli ci hanno insegnato che bloccare gli armi non è reato* » (« les dockers nous ont appris que bloquer les armes n'est pas un crime [34] »).

32. Voir le post sur le compte Facebook du collectif Vedo Terra du 23 avril 2021.
33. Entretien avec Maria, Vedo Terra/USB, 8 juin 2022, Gênes.
34. Voir l'appel de la manifestation sur le réseau social de Vedo Terra intitulé « Pas de paix pour qui vend la mort : manifestation contre les guerres, les frontières et le capital » : www.facebook.com/events/1162324807874431/?ref=newsfeed (consulté le 02/01/2022).

Cette propension à la circulation se traduit également par une présence particulière dans l'espace de l'antifascisme génois. Les membres du CALP valorisent une identité antifasciste en référence à la grande manifestation du 30 novembre 1960 à Gênes contre le congrès du parti néo-fasciste Movimento sociale italiano [35], lors de laquelle les dockers génois ont joué un rôle central.

Cette référence historique et idéologique s'actualise dans les pratiques, dans les tags ou les écussons que plusieurs d'entre eux arborent régulièrement (*cf.* image 1), et dans leurs circulations. Ils participent régulièrement à la commémoration de 1960, mais également à l'assemblée générale antifasciste génoise. Lors d'une réunion de cette dernière [36] en mars 2022 où est soulevée la question du positionnement vis-à-vis de la guerre en Ukraine, les travailleurs du port sont en charge de l'animation de la discussion. Cette présence dans l'espace antifasciste se double de pratiques de lutte contre les groupes néofascistes comme Casa Pound ou Forza Nuova [37] dans la ville. En février 2022, lors d'une importante manifestation piazza Corvetto contre le cortège d'un mouvement d'extrême droite, quarante-trois manifestants sont arrêtés et poursuivis, dont plusieurs membres du CALP [38]. Ces militants sont rompus à la confrontation physique et à la prise de risque dans leurs activités militantes. Cette identité antifasciste est par ailleurs visible dans la façon dont les frontières initiales du groupe – exclusivement des travailleurs du port – peuvent être exceptionnellement transgressées. Un membre du CALP, qui n'est initialement pas un travailleur du port, a en effet intégré le groupe après un fait de bravoure contre une manifestation fasciste [39].

L'histoire de la construction du collectif reflète la volonté de ces quelques dockers de lier leurs luttes à l'espace des mobilisations locales, de mobiliser leurs ressources et inscrire leurs répertoires dans les luttes de la cité génoise. Né d'une mobilisation nationale qui se joue en dehors des organisations syndicales, le CALP constitue un instrument permettant des alliances que l'appartenance syndicale de ces dockers permettrait plus difficilement. L'objectif est donc de créer un espace susceptible de transcender les divisions du monde syndical portuaire.

---

35. Mouvement social italien (MSI). Cet événement constitue un élément central de l'historiographie locale. Gênes, médaille d'or de la libération, s'est libérée elle-même du nazisme par la mobilisation de partisans anarchistes. Le MSI est un parti néofasciste italien qui décide d'organiser en 1960 un meeting à Gênes. Perçu comme une provocation au regard de l'histoire antifasciste génoise, il donne lieu à d'intenses manifestations et des heurts avec la police dans lesquels les dockers occupent une place centrale.
36. L'assemblée générale antifasciste de Gênes organise des réunions régulières. Si elles apparaissent fermées, il arrive que l'assemblée générale organise ou participe à des débats dans des lieux publics ou promeuve des manifestations.
37. Il s'agit de groupuscules néofascistes italiens ayant parfois recours à l'action violente (respectivement « la maison de [Ezra] Pound » et « force neuve »).
38. "Genova. Condannati 43 antifascisti per la manifestazione in Piazza Corvetto", *Contropiano*, 10 février 2022.
39. Il travaille d'ailleurs depuis quelques mois au port avec d'autres membres du CALP qui ont participé à lui trouver du travail.

« Et donc, il y a eu cette espèce d'assemblée dans le bus du retour [de la manifestation romaine] lors de laquelle est née cette exigence de sortir des canons syndicaux. » Entretien avec Maurizio, CALP/USB, 22 juin 2022, Gênes.

Si le CALP constitue le véhicule des alliances locales, ses membres n'ont pas pour autant abandonné toute ambition syndicale dans le but d'établir un rapport de force au sein de l'arène portuaire.

Image 1 – Écussons et motifs de vêtements réalisés par le collectif. Ils les portent lors des manifestations mais également dans la vie de tous les jours. L'ancre et le marteau renvoient à la symbolique communiste et portuaire ; la référence à la « *prima linea* » à la volonté d'être en défense des luttes locales, toujours « en première ligne ». (1. DR J. O'Miel J. 2. Capture d'écran, Réseau social, motif du T-Shirt pour les dix ans du CALP)

Des syndicalistes en rupture de ban

La création du CALP est également le reflet d'une histoire longue du syndicalisme italien, mais aussi plus spécifiquement portuaire. Lors de la création du collectif en 2011, la plupart des fondateurs sont délégués syndicaux à la CGIL. À l'instar d'autres ports italiens, la CGIL est le syndicat qui domine le port de Gênes [40]. On l'a dit, la CULMV, compagnie historique et autogérée des dockers génois, en est toujours partie prenante. La libéralisation du marché de l'emploi portuaire au milieu des années 1990 a remis en cause son monopole sur la gestion de la main-d'œuvre, mais l'adhésion à la CGIL reste une tradition à laquelle les travailleurs du port se plient par coutume professionnelle et par héritage familial [41]. Si la structure du marché de l'emploi portuaire génois a changé [42] sous l'effet de la privatisation des terminaux, ce sont toujours les trois confédérations syndicales – l'Unione italiana del lavoro, (UIL), la Confederazione italiana sindacati lavoratari (CISL) [43] et la CGIL – qui continuent de représenter la majorité des travailleurs portuaires. Néanmoins, depuis 2020, un nouveau syndicat basiste d'inspiration communiste est entré au port, l'Unione sindacale di base (USB) [44]. Profitant de la démission des dockers du CALP de la CGIL qui y font leur entrée, l'USB s'est peu à peu déployé dans différentes entreprises du port.

Ce basculement s'inscrit dans les transformations du syndicalisme italien depuis les années 1980-1990. D'une part, la part croissante donnée par les confédérations CGIL-UIL-CISL au syndicalisme de service nourrit la critique de certains militants à leur encontre. Elle participe également à dépolitiser les modes d'appartenance syndicale, au fur et à mesure que les adhésions syndicales sont liées à cette offre de service individualisée plutôt qu'à des logiques d'identification politique et idéologique [45]. D'autre part, la signature par les centrales syndicales d'accords actant la libéralisation du marché du travail suscite des ruptures à la suite desquelles naissent de nouvelles expériences de lutte : les « comités de base » (*comitati di base*, Cobas) qui prennent pied dans les lieux de travail [46]. Ces comités appuient l'émergence d'un syndicalisme radical et politisé ancré dans les mouvements sociaux. La crise de 2008 et les politiques austéritaires qui s'ensuivent ne font que renforcer l'expérience des Cobas désormais organisés en fédérations : SiCobas, AdlCobas ou encore l'USB. L'essentiel des grèves des années 2010 sont dès lors portées par ces syndicats face à la frilosité des trois syndicats majoritaires [47].

C'est dans ce contexte que s'inscrivent des discussions entre des membres du CALP et la direction de l'USB dès 2017. La rupture avec la CGIL est consommée en 2020, date à laquelle la quasi-totalité des délégués CGIL appartenant au CALP deviennent délégués USB. Ce changement syndical

40. Il est impossible de trouver des chiffres précis sur les résultats des élections professionnelles dans les diverses entreprises du port. Un de nos interlocuteurs du CALP estime néanmoins que la CGIL représente les deux tiers des délégués syndicaux dans les instances de représentation du personnel au port de Gênes.
41. « Mais la CGIL était le syndicat auquel les camarades ou les gens de gauche, auxquels les dockers sont identifiés, avaient des références. Moi quand j'ai rejoint le port, eh bien, mon père avait été syndicaliste des métallurgistes pendant trente ans ; il était mécanicien pour les bus du service public local, délégué syndical à la CGIL. Mon grand-père, mineur, carte du parti dans la poche, communiste pour toute la vie, carte du syndicat. » Entretien Maurizio, CALP/USB, 22 juin 2022, Gênes.
42. On compte désormais plus d'une dizaine d'entreprises différentes détenant les terminaux du port de Gênes et gérant le transit de marchandises et de touristes. Elles sont majoritairement détenues par deux multinationales, Port of Singapore Authority International et Mediterranean Shipping Company.
43. L'Union italienne du travail et la Confédération italienne des syndicats de travailleurs. Avec la CGIL, ce sont les trois confédérations syndicales majoritaires en Italie.
44. Le Syndicat de base.
45. Pilati K., Perra M. S., "Trade Unions and Labour Conflicts: Social Movement and Radical", *Italian Political Science*, vol. 14, n°3, 2020, pp. 167-187 ; Massimo F., « Des cooperatives au syndicalisme de base : la citoyennete industrielle dans le secteur de la logistique en Italie (1990-2015) », *Critique internationale*, vol. 87, n°2, 2020, pp. 57-78.
46. Pauvert R., « Les Cobas (Comités de Base) en Italie au cours des années quatre-vingt : naissance d'un phénomène », *Cahiers d'études italiennes*, n°14, 2012, pp. 79-98.
47. Cillo R., Pradella L., "Remaking the Labour Movement in Italy: the Revival of Strikes at Fiat-Chrysler Automobiles in 2015–17", *Globalizations*, vol. 16, n°4, 2019, pp. 457-471.

s'adosse à des critiques sévères à l'égard de la CGIL qui émergent dans les années 2010. Si cette désertion s'inscrit dans les changements structurels évoqués plus haut, les points de rupture sont également liés à des enjeux locaux et internes au syndicat. Tout d'abord, alors que le CALP intensifie son engagement contre la circulation des armes dès 2019, le refus de la CGIL en février 2020 [48] de porter la grève contre le chargement d'armes d'un bateau de la compagnie saoudienne d'État, la Bahri, cœur de la mobilisation du CALP, intensifie les dissensions entre le collectif et les dirigeants locaux de la CGIL. Ensuite, la réfraction locale d'enjeux nationaux accentue les tensions internes. La faible portée de la mobilisation de la confédération contre le décret Minitti qui criminalise les blocages routiers – une pièce centrale du répertoire des dockers – constitue un point de dissension entre le CALP et la CGIL autour des répertoires d'action légitime du syndicalisme. Au dialogue social, les délégués syndicaux du collectif opposent un syndicalisme conflictuel mobilisant les répertoires classiques de la classe ouvrière (grève, occupation, blocage). Enfin, au sein du groupe, c'est le sort réservé à Maurizio qui scelle le passage à l'acte. Ce dernier subit des mesures de rétorsion de la part de la multinationale qui l'emploie dans une période où certains membres du CALP sont poursuivis pour association de malfaiteurs à la suite de plusieurs actions contre des navires de la Bahri. Suite à son licenciement, et sur proposition des dirigeants locaux de l'USB, il devient permanent syndical pour le port de Gênes.

Le communiqué de presse des membres du CALP annonçant leur démission de la CGIL, rendu public le 31 octobre 2020, exprime le désaccord avec ce syndicat. Derrière une banderole siglée « working class combat », les membres du CALP défendent une conception radicale du syndicalisme.

> « On ne peut faire du syndicalisme s'il n'y a pas de conflit, si on ne peut pas se mettre en grève. La classe ouvrière a peu d'instruments pour elle : les manifestations, les barrages routiers, une certaine rugosité dans la confrontation. Si par les décrets de sécurité [Minitti] on élimine ces armes, on arrête tout. Sans le conflit, vrai, sérieux, la classe ouvrière est destinée à perdre. Tel a été le changement génétique de la CGIL : Elle a décidé de ne plus utiliser le conflit, en adoptant une attitude passive, voire même le point de vue des patrons [49]. »

Et de conclure lors de la conférence de presse du même jour :

> « Nous, Calp, voulons revenir au syndicalisme, sans avoir à penser à la campagne électorale, aux sensibilités du gouverneur ou du parti.

48. "Nave delle armi, la Cgil sceglie la protesta in Prefettura: «Sia la politica a vietare i traffici»", *Genova24*, 13 février 2020.
49. "Genova. I portuali del Calp ora supportano Usb", *Contropiano*, 31 octobre 2020.

> Nous voulons mettre en avant les questions des travailleurs, de la défense des droits par le conflit raisonné et responsable. L'USB nous donne la possibilité de le faire. C'est pourquoi, à partir d'aujourd'hui, nous transférons nos délégués de Filt CGIL à l'USB Porti. »

Cette rupture syndicale constitue un épisode marquant de l'histoire du collectif puisqu'il rompt avec une tradition syndicale fortement ancrée au port de Gênes. Il donne également à voir la façon dont ses membres perçoivent le groupe comme une manière de reconstruire l'unité ouvrière tout en appuyant une conception agonistique de la mobilisation sur les lieux de travail, en engageant un rapport de force avec les organisations syndicales majoritaires considérées comme traîtres à la cause ouvrière. D'une certaine manière, la double appartenance CALP-USB permet de tenir ensemble deux logiques en partie antagoniques, le CALP constituant le pivot d'alliances avec d'autres segments de l'espace des mobilisations locales – tout particulièrement dans le cadre de la lutte contre la circulation des armes [50] (voir image 2) – et l'USB permettant de maintenir la conflictualité sur les conditions de travail, d'emploi et de sécurité.

La construction du groupe se joue donc initialement pour la défense des droits de tous les travailleurs en renouant finalement avec une « citoyenneté

Image 2 – Des travailleurs du port du CALP mènent la marche de la manifestation dont ils sont à l'origine, suivis par un rang de personnes issues d'organisations de jeunesse et par le cortège syndical de l'USB. Ils se tiennent en rang en tenant une barre, pratique courante à l'extrême gauche. (Port de Gênes, Italie, 25 février 2023) – DR O'Miel J.

50. La pratique veut que concernant la circulation des armes, les manifestations soient appelées par le CALP et que le syndicat USB soit en soutien. L'agencement des manifestations que nous avons pu observer l'illustre. En général, les membres du CALP sont en tête de la manifestation, suivis par le cortège des syndiqués USB du port (voir image 2).

industrielle » revendicative, assise sur l'union de la classe ouvrière et la lutte antagonique avec les syndicats majoritaires et le patronat. Le « pouvoir associatif [51] » du CALP est alors également conçu par ses membres comme une ressource à disposition des luttes locales.

En effet, si les valeurs revendiquées dans les espaces militants comme l'antifascisme et la solidarité de classe ont pu inciter les membres du CALP à mettre en scandale la présence d'armes dans le port, il faut également prêter attention à la façon dont ils peuvent agir en entrepreneurs de cause et enrôler d'autres activistes dans leur lutte.

Une classe pour les autres : des *gatekeepers* de la marchandise juste

Les mobilisations de dockers contre la circulation d'armes ne sont pas une dimension fondamentalement nouvelle, que l'on pense ici aux blocages d'armes à destination de l'Indochine par les portuaires à Marseille en 1949-1950 [52] ou du Vietnam à Gênes en 1971. La singularité des dockers du CALP est néanmoins d'ancrer cette lutte dans le temps long et d'en faire l'une des dimensions centrales de leur identité militante. Cet ancrage s'appuie sur un travail de visibilisation des armes au port et sur la prise de conscience progressive de la position stratégique du travail portuaire dans la circulation des marchandises au sein du capitalisme logistique. Cette position sert alors de point d'appui à des processus de désectorisation et de transnationalisation de la lutte.

Apprendre de sa position dans le capitalisme logistique : visibilisation et mobilisation contre les armes

Lors de notre première rencontre avec des membres du CALP, un des leurs nous montre sur son téléphone les images photographiées d'un char d'assaut présent dans le port. Son téléphone contient de très nombreuses images d'armes prises au port. Plusieurs posts sur le compte du réseau social du CALP font circuler des photos d'armes dans les différents terminaux. Cette pratique s'est progressivement systématisée, les dockers prenant le réflexe de constituer des preuves de la présence d'hélicoptères, de chars, de munitions dans des containers. Pourtant, cette pratique n'a pas toujours été adossée à une entreprise de mobilisation. Comme l'explique Maurizio, avant 2019, cette pratique renvoie davantage au caractère extraordinaire de cette marchandise qu'à une forme d'indignation :

51. Vgontzas N., *op. cit.*
52. Voir Lahaxe J.-C., *Les Communistes à Marseille à l'apogée de la guerre froide 1949-1954* [en ligne], Aix-en-Provence, Presses universitaires de Provence, 2006, pp. 103-186 ; ou encore le récent épisode de l'émission Affaires sensibles sur France Inter, « Marseille 1949, des dockers contre l'Indo ».

« Mais ça a toujours été vu, et je te parle de 2014 à 2019… donc il y a quelques années… c'était toujours vu un peu à l'italienne. "Merde un hélicoptère", on n'avait pas encore la forte sensibilité que l'on a aujourd'hui… "Merde, il y a un hélicoptère. Laisse-moi faire la photo et je vous la montre", je sais pas comment dire, c'était comme, comme si arrivait un camion de pompier à destination de San Francisco, ça aurait été la même chose. » Entretien avec Maurizio, CALP/USB, 22 juin 2022, Gênes.

La première expérience de lutte concrète contre un chargement de matériel militaire au port contribue à cristalliser des pratiques de mise en visibilité des armes par les dockers du CALP ainsi qu'une prise de conscience de leur position objective au sein du capitalisme logistique qui leur confère un pouvoir de blocage de marchandises jugées indignes.

L'empêchement effectif du chargement d'un navire de la Bahri est construit comme une première victoire par les dockers et leurs soutiens et participe d'une conscientisation de leur pouvoir structurel. Cette première action concrète a lieu en 2019. Elle se joue dans un contexte international particulier où la guerre au Yémen fait rage, et où la mort de plusieurs milliers de civils fait l'actualité. Elle met également en jeu la circulation internationale d'une information concernant la Bahri. La publication par le journal d'investigation français *Disclose* en avril 2019 de documents classés secret-défense faisant état de l'usage d'armes françaises dans la guerre au Yémen vise directement cette compagnie saoudienne [53]. Cet article circule particulièrement dans les milieux antimilitaristes transnationaux. La fuite de l'embarquement de canons Caesar de fabrication française par la Bahri amène les dockers du Havre à opérer un blocage le 1er mai 2019, des dockers de l'UL CGT du golfe de Fos réagissant dans la foulée pour expliquer qu'ils ne chargeraient aucune arme [54]. Il semble alors que l'entreprise exportatrice envisage Gênes comme port de substitution, les armes devant y être convoyées par route. Prévenus par un correspondant français du réseau antimilitariste Rete italiana pace e disarmo [55] par l'entremise de la section syndicale de la CGT du Havre, les dockers du CALP organisent un « comité d'accueil » au navire en mobilisant la CGIL, syndicat duquel ils sont alors toujours membres [56], et parviennent à empêcher le chargement.

---

53. Voir le site de *Disclose* et leurs enquêtes basées sur la fuite de documents classés secret-défense : https://disclose.ngo/fr/investigations/made-in-france ; voir également Bigo D., Hanon J.-P., « Le contre-terrorisme comme prétexte. Retour sur l'opération Sirli et la politique française », *Cultures & Conflits*, n°123-124, 2021, pp. 83-93.
54. Voir le post sur le réseau social de Union locale CGT Port St Louis du 28 mai 2019.
55. Réseau italien pour la paix et le désarmement.
56. Pour une description fine de cette histoire, voir le chapitre de Riccardo Degl'Innocenti dans Dagnino F., De Ferrari P. (eds.), *No War. Storie e documenti del movimento pacifista*, Genova, Arichivio dei movimenti, 2020, pp. 156-171.

Cet événement conjugue plusieurs propriétés qui montrent comment les dockers s'instituent en vigies du port. Tout d'abord, ils se mettent à enquêter sur le chargement du bateau Yanbu, appuyés par des collectifs antimilitaristes. Le contenu de la marchandise surprend en effet les acteurs mobilisés : il ne s'agit pas des fameux canons français, mais de générateurs électriques. Ces générateurs de fabrication italienne sont présentés par la société assurant les opérations de transport comme ayant un usage civil pour la garde nationale saoudienne. L'autorité portuaire oppose cet argument pour accepter le transport des générateurs. Lors d'une enquête menée conjointement avec l'Osservatorio permanente sulle armi leggere e le politiche di sicurezza e difesa (Opal) [57] de Brescia et la Rete italiana pace e disarmo, les dockers du CALP remettent en cause le récit officiel. Ils découvrent d'une part que les générateurs ont un double usage civil et militaire, et d'autre part que cette garde nationale saoudienne n'est autre qu'un bataillon d'élite de l'armée saoudienne très impliqué dans le conflit yéménite. Ces découvertes amènent les dockers à déclarer une grève et à organiser dans le port une manifestation en vue du blocage du Yanbu censé emporter le précieux chargement.

À la suite de cette première mobilisation, les dockers du CALP ont désormais les sens en alerte face à des marchandises qui ne se donnent pas facilement à voir. La marchandise au port est quasi systématiquement stockée dans des containers qui participent de son invisibilisation. Ils sont désormais attentifs aux différents chargements qui circulent au port. Ils apprennent à lire les étiquettes pour y repérer la présence de matériels militaires, les prennent systématiquement en photo dès qu'ils en constatent la présence dans le port et communiquent sur les réseaux sociaux. Ces pratiques s'institutionnalisent avec le temps. Après ce premier blocage, les dockers du CALP fondent en 2019 un collectif en collaboration avec des militants antimilitariste spécialisés dans la circulation des armes appelé Weapon Watch. L'un de ces militants, Carlo Tombola, est connu en Italie pour ses publications et son implication dans la mise au jour des modalités de circulation des armes et de la structuration de l'industrie militaire [58]. Le manifeste du collectif est explicite : « nous devons et nous voulons observer les armes qui transitent dans les ports, à la fois pour qu'elles soient moins dissimulées et parce que les travailleurs portuaires et les marins sur les navires n'aiment pas manipuler ces marchandises mortifères [59]. » La production d'expertise sur les fabricants d'armes et les voies de circulation de ces dernières constitue le cœur de l'activité du collectif. Ces savoirs produits sont restitués dans un guide à l'attention de potentiels

57. Observatoire permanent sur les armes légères et les politiques de sécurité et de défense.
58. Coordinateur de l'Opal, il est l'auteur avec Sergio Finardi, directeur de Transarm, un centre de recherches spécialisé sur le transport logistique des armes, d'un ouvrage intitulé *Le strade delle armi*, *opus* majeur sur l'industrie et la circulation d'armes à travers le monde. Voir Tombola C., *Le strade delle armi*, Milan, Jaca Book, 2002.
59. Voir le site de Weapon Watch : URL : www.weaponwatch.net/chi-siamo/ (consulté le 02/01/2022).

observateurs de la circulation d'armes sur la base d'images produites par le CALP (voir image 3). Cet expert apporte ses ressources techniques, tout en convertissant la position et les pratiques des dockers en capital expert susceptible d'orienter la lutte contre la circulation des armes.

Figure 14: Passage of the "Bahri Hofuf" from the port of Genoa, 2 July 2021. The "explosive" labels positioned on the containers of the external deck are highlighted in red.

Figure 10: Labels for explosive goods, according to the IMDG Code rules.

Image 3 – Captures d'écran du *Handbook for Weapon Watchers*, écrit par Carlo Tombola, 1er septembre 2022. La rédaction d'un guide de l'observation des armes montre explicitement comment son auteur s'appuie sur les savoir-faire des dockers et les photos prises par ceux-ci. Le guide rappelle en effet la signalétique des containers transportant des armes et mobilise des photos faites par les membres du CALP.

En outre, cette visibilisation des armes contribue à susciter l'intérêt des médias [60] et devient parfois le support d'une mobilisation. En avril 2021, la présence d'un chargement à destination de l'armée israélienne *via* la compagnie Asiatic Island a fait l'objet d'une mobilisation dans un contexte de vives tensions à Gaza. Ces marchandises sont découvertes quasiment par hasard, mais leur présence sur le port et le décodage d'informations opéré par les dockers du CALP leur permet de les repérer et de mobiliser.

---

60. En novembre 2022, des photographies prises par les dockers du CALP d'hélicoptères militaires à destination de l'Arabie saoudite devant être chargés par la Bahri font l'objet de plusieurs articles de presse. Dans une vidéo réalisée par le journal *Il fatto quotidiano*, on voit très clairement des membres du CALP montrer au journaliste des photographies prises au port sur leur smartphones. Voir : www.ilfattoquotidiano.it/2022/11/10/ecco-i-blindati-e-gli-elicotteri-da-guerra-i-portuali-mostrano-le-foto-degli-armamenti-che-transitano-da-genova-e-meloni-cosa-dice/6867629/ (consulté le 6 mars 2023).

« C'est sorti de nulle part cette affaire. Camillo, un soir, quand la mobilisation contre Israël a commencé, est allé au travail, il est toujours en scooter [dans le port], et là il voit ce chauffeur de Bergame sorti de son camion avec le bordereau de chargement qui lui dit : "Je ne sais pas où aller. [...] regarde, faut que j'aille chez Spinelli [un terminal], je dois décharger ces trucs et en plus, il y a un risque de dingue". Camillo lui dit "Comment ça, il y a un risque de dingue ?" – "J'ai chargé des missiles à Bergame et cela fait deux heures que je me promène dans le port avec ces missiles. Si un accident se produit, ça va être un sacré bordel". À Camillo, ping, ça lui met la puce à l'oreille : "Ah ouais, laisse-moi voir le bordereau". Il fait deux photos du bordereau. Il y avait toutes les informations de référence : où il avait été chargé, où il allait, un port en Israël dont je ne me souviens plus du foutu nom. [...] Camillo nous envoie la feuille et [...] on voit que le bateau doit faire escale à Livourne. En attendant, on donne tous les documents à Carlo Tombola pour voir ce qu'ils contiennent. Aussi parce que les conteneurs qui contiennent des explosifs, ils ont des étiquettes appelées Imo qui identifient les marchandises dangereuses [...]. J'appelle les dockers de Livourne, en l'occurrence Andrea [61], et je leur dis : "Regardez, voici le navire de l'Asiatic Island [62] qui charge à Gênes ce type de missiles destinés à Israël". [...] Pendant que je préviens Livourne, j'appelle ceux de Naples, nous avons des camarades là-bas, "regardez ce qui se passe à Gênes, il va à Livourne, il arrivera demain matin, dans deux jours il sera à Naples. Donc si vous arrivez à organiser quelque chose"... »
Entretien avec Maurizio, CALP/USB, 22 juin 2022, Gênes.

Cela se traduit dans les jours suivants par d'importantes manifestations dans les ports qui empêchent l'embarquement des armes à Livourne ainsi qu'à Naples [63]. Les réseaux du syndicat USB sont mobilisés, la nouvelle position de Maurizio dans le syndicat facilitant les contacts avec d'autres réalités portuaires.

La position objective des dockers dans la circulation des biens leur permet de rendre visible à l'extérieur du port la présence de marchandises qu'ils jugent indignes. Pour le dire autrement, le développement d'un sens pratique de l'observation leur permet de rendre plus transparent le fétiche portuaire que constitue le container. En outre, le rôle qu'ils prennent dans la lutte contre la circulation des armes s'adosse à l'accumulation d'un capital d'expertise mais également à la conscientisation de leur place dans le capitalisme logistique. S'ils ne sont pas des producteurs, leur participation à la circulation de ces mar-

61. Coordinateur USB du port de Livourne.
62. Le *federino* est un type de bateau assurant des moyens trajets.
63. "Cos'è successo di preciso col 'blocco' nei porti italiani di armi verso Israele", *Vice Italie*, 18 mai 2021.

chandises leur octroie une position de force dans la chaîne de valeur de la logistique. Pour le dire autrement, leur force, c'est leur position dans le flux. Lors d'une de nos toutes premières discussions avec Maurizio, je l'interroge un peu naïvement sur ce qui pour moi apparaît comme un paradoxe : être anticapitaliste et être en tant que docker un maillon essentiel du capitalisme logistique. Il rit tout en affrontant la question : « Pour moi, les ports sont des lieux stratégiques de lutte contre le capitalisme. Si on contrôle toute la chaîne de production de valeur, alors nous avons le capitalisme entre nos mains [64]. » Il revient en entretien sur cette prise de conscience progressive de la position spécifique des dockers et des ports dans le capitalisme logistique au prisme de la lutte contre les armes.

> « Parce qu'aujourd'hui la chaîne de valeur est dans la logistique, non ? Donc, de la production et du transport dépend la valeur réelle ; moins il y a de temps, plus cette marchandise maintient sa valeur jusqu'à la vente en détail. Les ports dans cette chaîne de valeur constituent l'entonnoir, c'est-à-dire le goulot d'étranglement. Autrement dit, toutes les marchandises du monde peuvent arriver quelque part, mais elles doivent passer par les ports. Et s'il y a des travailleurs organisés avec une conscience de classe dans les ports, ils peuvent utiliser cette force, c'est-à-dire la force de contredire le capital en faveur non seulement des dockers, mais aussi de ceux qui sont moins bien lotis. Donc toute cette série de démarches que nous avons, naïvement et presque inconsciemment, entreprises des années auparavant, et bien aujourd'hui, cependant, c'est très clair. Utiliser les ports pour le plus grand nombre sera difficile, mais c'est l'objectif. Ainsi, en partant de la solidarité locale, nous en arrivons à la solidarité internationale. » Entretien avec Maurizio, CALP/USB, 22 juin 2022, Gênes.

Alors que nous discutons ici du premier blocage, Maurizio en vient à exprimer en termes anticapitalistes la position des dockers dans l'économie de la circulation des marchandises. C'est cette position et la spécificité de la marchandise militaire qui leur permettent d'enchanter leur lutte et constituent le ressort explicatif de leur première victoire. Cette place dans la circulation internationale des biens leur permet de lier actes militants au travail et solidarité internationale par le truchement d'une marchandise, les armes. C'est bien ici l'affinité élective entre processus de politisation des marchandises et conscientisation de leur pouvoir structurel qui explique la constitution des armes en cause de leur mobilisation.

Cette lecture de classe se durcit peu à peu. Si, au sein du port, les syndicalistes sont d'accord pour en faire un enjeu de luttes, même si à des degrés

64. Carnet de terrain, 8 juin 2022.

divers d'implication et en mobilisant des répertoires différents [65], ce n'est pas le cas de l'ensemble des travailleurs de la chaîne logistique. À la suite du blocage du Yanbu, les travailleurs de l'agence maritime Delta en charge des opérations de transbordement italiennes pour le compte de la compagnie Bahri s'engagent dans un conflit épistolaire avec les membres du CALP. Le 4 février 2020, le CALP envoie une lettre aux travailleurs de l'agence Delta :

> « Nous sommes des dockers, tout comme vous, même si vous êtes assis dans des bureaux au centre-ville. Nous sommes des maillons de la même chaîne de transport de marchandises : vous travaillez avec des informations, nous travaillons avec des grues et des monte-charges, mais nous travaillons tous avec la même cargaison pour les mêmes fins. Nous sommes les deux faces d'une même médaille, ou plutôt d'une même monnaie. Une monnaie dont votre travail et le nôtre contribuent à augmenter la valeur au fur et à mesure que les marchandises passent dans le port. Nous pourrions discuter de la manière dont cette valeur est répartie entre les actionnaires des entreprises et nous, les travailleurs qui fournissons les services et leur production. Nous ne voulons pas parler de cela maintenant. Nous voulons plutôt parler de normes et de valeurs, non pas économiques mais morales. [...] Notre métier, notre pain comme le vôtre, c'est le commerce. Vous, qui travaillez avec des acronymes et des chiffres sur l'ordinateur, ne réfléchissez peut-être pas à leur signification. La différence est que pour vous, les armes sont abstraites, ce sont des codes sur des bordereaux, alors que nous, nous les voyons, les déplaçons, et ressentons les effets de mort et de souffrance de leur terrible capacité de destruction. [...] Nous vous demandons donc de vous joindre à nous pour vous opposer au commerce des armes dans notre port, pour que Delta redevienne une agence maritime œuvrant pour un commerce pacifique au service de la prospérité des peuples. »

L'échange de lettres se poursuit, les travailleurs de l'agence Delta rétorquant que la mobilisation du CALP donne une mauvaise image du port et comporte le risque que l'éventuelle rupture du contrat avec la Bahri ne mène à des licenciements au sein de leur entreprise [66]. Ces différents coups donnent l'éventail des lectures disponibles de la marchandise. Ils montrent surtout

65. La CGIL, même si elle n'en fait pas l'épine dorsale de son engagement comme le CALP et ne mobilise plus le répertoire de la grève, continue de se mobiliser par intermittence contre la guerre. L'antenne locale de la CGIL participe par exemple à une manifestation contre la guerre en Ukraine à Gênes, le 24 février 2023, à l'initiative du réseau Europe for Peace. Le lendemain, le CALP appellera à une grande manifestation contre la circulation des armes soutenue par USB qui se tiendra dans port de Gênes.

66. Voir le post sur le blog du CALP : https://calp238599372.wordpress.com/2020/05/18/sulla-guerra-e-sulla-lettera-aperta-dei-lavoratori-dellagenzia-marittima-delta/ (consulté le 26/09/2023).

qu'au-delà des dispositions des membres du CALP à la politisation de la marchandise, la vision répétée des armes au port participe également de leur conscientisation. Position de classe et subjectivité de classe se mêlent ici dans la construction d'une cause singulière au sein du capitalisme logistique où les dockers marquent leur solidarité avec les populations civiles en terrain de guerre, se constituant en une sorte de classe pour les autres. Ce conflit donne néanmoins une indication sur les difficultés du collectif à enrôler d'autres travailleurs du capitalisme logistique réticents à politiser leur métier. Finalement, c'est ailleurs que ces dockers vont trouver leurs principaux alliés.

Désectorisation et transnationalisation d'une cause : l'entrée en scène des dockers génois dans l'espace européen des mobilisations antimilitaristes

Les mobilisations contre les bateaux de la Bahri se multiplient donc dans le courant des années 2020. Certes, après le blocage de l'année 2019, le commerce des armes à Gênes continue sans qu'il ne soit possible de véritablement l'entraver. Pourtant, à chaque passage de la Bahri, c'est une coalition hétéroclite qui se rassemble dans les ports. Ces coalitions locales, notamment à Gênes, reposent sur des réseaux d'interconnaissance plus anciens entre différents segments de l'espace local des mobilisations. Le blocage du Yanbu, constitué comme une victoire contre le commerce des armes, voit s'agréger autour du CALP des ONG de défense des droits de l'homme (Emergency International, Amnesty International, Save the Children), des associations catholiques pacifistes et différents partis et groupes de la gauche radicale génoise. Cet événement participe d'une intense circulation du collectif comme effigie de la lutte, à tel point que le CALP et le syndicat USB reçoivent en septembre 2022 le prix du *War Abolisher* de l'ONG américaine World Beyond War, conjointement avec Jeremy Corbyn, député travailliste britannique. Cette reconnaissance qui conduit leur lutte jusqu'aux États-Unis passe par un double mouvement de désectorisation et de transnationalisation.

La connaissance du collectif et de ses actions par des milieux militants qui débordent l'espace des mobilisations génois ou les réseaux du syndicat USB est d'abord l'effet de la forte répression dont sont victimes les membres du CALP de la part de la police italienne à la suite du blocage du Yanbu. Poursuivis pour association de malfaiteurs par la justice italienne, perquisitionnés ainsi que leurs familles, sous surveillance des services de renseignements, les membres du CALP bénéficient d'une intense couverture médiatique [67]. C'est néanmoins l'attention inattendue d'un acteur international qui

67. Plusieurs journaux étrangers de gauche publient des articles ou des interviews sur les actions des dockers du CALP. Voir la revue de presse sur le site de *Weapon Watch* ou encore : « Gênes. Contre les "navires de la mort", les dockers à l'avant-poste », *L'Humanité*, 22 juillet 2021 ; "«We Can't Be at Peace With Ourselves If We're Complicit in Saudi's War». An interview with collettivo autonomo lavoratori portuali", *Jacobin*, 15 février 2020 ; "Italian port workers refuse to load shipment of arms headed for Israel", *The Independent*, 17 mai 2021.

contribue à médiatiser leur lutte et à faire circuler leurs actions dans le monde du catholicisme italien. Au retour d'un voyage au Japon, le pape François, le « sous-commandant Franco » comme l'appelle avec humour Maurizio, prend la parole dans les médias pour défendre le groupe :

> « Dans un port, je ne me souviens plus très bien, un navire rempli d'armes est arrivé pour charger ces armes sur un plus grand navire qui devait aller au Yémen, et nous savons ce qu'il se passe au Yémen. Les travailleurs du port ont dit non. Ils ont été braves [68] ! »

Le CALP décide alors de répondre au pape par une lettre lui demandant son appui : « Nous avons besoin de votre soutien et du soutien de tous pour pouvoir continuer comme travailleurs portuaires à contester le trafic d'armes [69]. » Le porte-parole du CALP est par la suite reçu en audience privée par le pape qui réaffirme son soutien au collectif [70]. Ces prises de position papales circulent dans l'institution catholique et tout particulièrement au sein de son aile pacifiste, à l'instar de Pax Christi [71]. Renato Sacco, prêtre et coordinateur national pour l'Italie de ce réseau, raconte en entretien la centralité de l'institution papale dans la genèse de leur collaboration :

> « Le lien avec les amis du CALP a mûri au fil des années. Cela a commencé il y a quelques années, lorsque j'ai commencé à faire un peu parler de moi et que l'on a lu des articles sur ce petit groupe très déterminé, qui faisait ses propres choix. Et puis nous avons appris que le pape s'est tourné vers eux et a dit "Ce sont des braves, ceux-là", il les a rencontrés, et donc le fait qu'une situation aussi délicate et importante au travail, avec des choix qui ne sont pas nécessairement très partagés, parce que ce sont des choix que vous payez de votre propre personne, qui mettent également votre emploi en danger. Le pape les a rencontrés et leur a dit de continuer. Ces liens sont donc nés et nous avons fait des interviews et commencé à travailler ensemble. » Entretien avec Don Renato Sacco, Pax Christi, 14 juin 2022, église de Cesara.

Une grande manifestation antimilitariste est organisée à Gênes en avril 2022 à l'appel, entre autres, de Pax Christi et du CALP, qui réunit les collec-

---

68. "Papa Francesco ai portuali che fermarono le navi delle armi: «Bravi! Basta ipocrisia»", *La Repubblica*, 28 novembre 2019.
69. "Navi delle armi, i portuali del Calp in «missione romana» dopo la lettera a papa Francesco", *Genova24*, 4 juin 2021.
70. "Papa Francesco incontra i portuali del Calp: «Bravi a bloccare le navi cariche di armi, continuate così»", *Genova24*, 23 juin 2021.
71. Il s'agit d'un mouvement catholique international pour la paix, fondé au lendemain de la Seconde Guerre mondiale, présent dans une soixantaine de pays et reconnu comme ONG consultative par les Nations unies et l'Union européenne. Voir le site internet : www.paxchristi.fr/accueil/ (consulté le 29/09/2023).

tifs, associations et ONG présents lors du premier blocage, mais également la hiérarchie ecclésiale. Le mot d'ordre est alors « la guerre commence à Gênes ». La présence des évêques de Gênes et de Savone [72] est notable. Comme l'explique Renato Sacco en entretien, l'implication des travailleurs des ports et des aéroports constitue « un pas en avant » dans la concrétisation de la lutte contre les armes. L'arrivée de ces dockers contribue en effet à changer les pratiques, les perceptions et les anticipations de ces activistes antimilitaristes. Le cas de l'initiative « *fari di pace* » (phares de la paix) est à ce titre exemplaire. Lancée à partir de la manifestation génoise par Pax Christi et d'autres associations catholiques, cette opération envisage de passer par plusieurs ports italiens avec à chaque fois comme ligne de mire l'interpellation et la négociation avec les autorités portuaires locales pour leur démilitarisation. Les ports constituent dès lors un nouvel espace de luttes pour ces religieux pacifistes [73].

Concomitamment à cette désectorisation, se joue également un enrôlement intense du collectif dans l'espace des ONG internationales de lutte contre les armes – lequel est alimenté par les virtualités tactiques autorisées par leur position dans le capitalisme logistique, et les capacités de filtrage des marchandises que cette position autorise.

La construction d'un discours par les dockers eux-mêmes et leurs nouveaux alliés sur la spécificité de leur position dans la lutte contre les armes s'articule également à ce qui est présenté comme une nécessité par plusieurs acteurs issus de différentes organisations : celle de se constituer en réseau pour lutter contre l'aspect réticulaire de l'industrie et du commerce des armes. Autrement dit, face aux multinationales du transport logistique, la transnationalisation de l'action contestataire est un impératif. Or, le CALP est dans ce cadre à la fois objet et sujet d'une intense circulation. Sujet, car ses membres projettent une mobilisation coordonnée de différents ports dans le monde en passant par les canaux syndicaux [74]. Cette projection des dockers du CALP les amène à jouer la carte des réseaux syndicaux dans le but de peser pour l'organisation de cette grande manifestation internationale. Objet, car la médiatisation du CALP les amène à répondre à de nombreuses invitations en Europe, notamment de la part de collectifs liés à la gauche antifasciste, altermondialiste et anticapitaliste [75].

---

72. "Pax Christi e il Calp, appello contro le armi. Alla manifestazione davanti al Duomo anche l'arcivescovo Tasca e i camalli del porto", *Rainews*, 2 avril 2022.
73. Voir le site de Pax Christi : www.paxchristi.it/?tag=fari-di-pace (consulté le 26/09/2023).
74. À la fin de l'année 2022, Maurizio est nommé référent national pour les ports du syndicat USB et participe à ce titre à des réunions avec d'autres syndicats européens lors desquelles il tente de construire une grande grève internationale des ports contre la circulation des armes.
75. Notre première rencontre en est l'expression. Ils sont intervenus à Marseille en décembre 2020, invités par un collectif de lutte pour les exilés puis par des activistes à Port-de-Bouc. Notre entrée sur le terrain s'est faite par l'entremise de réseaux d'interconnaissance militants.

C'est le cas de l'intérêt que portent dès 2021 Özlem Demirel, parlementaire européenne allemande de Die linke [76], et la fondation associée au parti – la fondation Rosa Luxembourg – pour la mobilisation du CALP. Initialement réticents à être enrôlés par une fondation proche d'un parti politique, les dockers de Gêne et tout particulièrement Maurizio, alors nouvellement permanent syndical USB, participent finalement à la tentative de construction d'un réseau transnational antimilitariste porté par cette élue européenne convaincue de la nécessité de mobiliser toutes les ressources disponibles pour l'organisation d'une grande grève internationale des ports. Cela se traduit très concrètement par l'organisation en juin 2022 de deux journées de débats à Bruxelles dans les locaux de la fondation et du Parlement européen – intitulées *Civil Harbours & Airports – No Arms for War and Oppression* – lors desquelles l'expérience des dockers génois occupe une place centrale.

Si cette journée réunit autour de la table de nombreux collectifs antimilitaristes internationaux, les acteurs mis en avant dans le débat sont indéniablement les dockers du CALP – ainsi que des syndicalistes USB du port de Livourne et de l'aéroport de Pise [77].

Les prises de position des acteurs sont liées à leur position dans cet espace des mobilisations : d'une part, la nécessité de rendre publique et transparente la circulation des armes, et d'autre part celle de mobiliser les travailleurs occupant une position spécifique dans le capitalisme logistique susceptible de rendre effectif l'arrêt de la circulation des armes. Dans le propos introductif de la vidéo promotionnelle [78] de ces journées de conférence, la parlementaire allemande reprend ces arguments [79] :

> « Je suis heureuse que nous ayons cette conférence aujourd'hui au Parlement européen, avec des syndicalistes, des dockers et des militants pour la paix. Car la question est de savoir comment nous pouvons réellement arrêter les exportations d'armes, les arrêter à un moment où les armes européennes sont impliquées dans diverses

---

76. La Gauche, parti politique allemand né en 2007 de la fusion du Parti du socialisme démocratique et de l'Alternative électorale travail et justice sociale. Elle est également vice-présidente de la commission sécurité et défense du Parlement européen.
77. Des syndicalistes USB de l'aéroport de Pise se sont également mobilisés en mars 2022 après la découverte d'armes dans une cargaison humanitaire en direction de l'Ukraine. Voir "Guerra Ucraina: «Dall'aeroporto di Pisa armi ‹mascherate› da aiuti umanitari»", *Pisa Today*, 15 mars 2022.
78. Voir la vidéo : www.youtube.com/watch?v=7uWe9TT33rA (consulté le 26/09/2023).
79. La demi-journée dans un amphithéâtre du Parlement européen à Bruxelles est divisée en deux temps. Une première table-ronde où interviennent des experts : Carlo Tombola, Jacqueline Andres membre de l'Information Centre on Militarisation et autrice de plusieurs enquêtes sur l'industrie de l'armement, et Valentina Azarova, professeur de droit international à l'université de Galway en Irlande. La seconde table-ronde est entièrement consacrée aux travailleurs ; Maurizio intervient pour le CALP et le syndicat USB ainsi que deux autres dockers USB du port de Livourne et un syndicaliste aéroportuaire de Pise.

guerres dans le monde – par exemple, les exportations d'armes de l'Italie, qui sont utilisées dans la guerre brutale au Yémen. Je suis fière que nous ayons ici des travailleurs, des dockers de Gênes, qui ont arrêté précisément ces exportations d'armes par une grève. Parce qu'il est clair que si la politique du gouvernement est de plus en plus axée sur la guerre, l'armement et les exportations d'armes, alors c'est la population civile et ce sont les travailleurs aux points de contrôle centraux qui peuvent l'arrêter et c'est ce que nous voulons exiger en tant que gauche. Ici, ils peuvent se mettre en réseau. » Intervention de Özlem Demirel, parlementaire européenne [80].

Image 4 – 1. Les travailleurs du port, syndicalistes USB de Gênes, de Livourne et de l'aéroport de Pise sont en position centrale dans l'amphithéâtre du Parlement européen à Bruxelles lors d'un débat sur les modes de luttes contre la circulation des armes. **2.** L'affiche du colloque organisé par le groupe The Left met également en avant les travailleurs du port dans la lutte contre les armes. Bruxelles, 24 juin 2022. (1. DR O'Miel J., 2. The Left)

80. Intervention en allemand. Notre traduction.

Et Carlo Tombola de poursuivre sur la nécessité de créer un réseau international de lutte contre les armes au regard de la structure réticulaire et mondialisée de ce marché économique :

> « L'association Weapon Watch soutient cette réunion de nombreuses associations européennes car le commerce des armes est un commerce international. Ce commerce international ne peut être perturbé, bloqué et faire l'objet de manifestations qu'au sein d'un réseau international. La logistique des transports d'armes, la logistique militaire est une chaîne d'approvisionnement internationale. Elle est directement internationale et les protestations doivent donc avoir la même portée géographique et la même dimension. » Intervention de Carlo Tombola, expert en armement, membre de Weapon Watch [81].

Ces deux jours de réunion se soldent par un consensus : la nécessité de poursuivre la mise en réseau des différents acteurs de la lutte antimilitariste dans le monde et d'articuler tout particulièrement l'éveil d'une conscience citoyenne contre la guerre et l'appui aux travailleurs, qui par leur position dans la circulation et la production d'armement, seraient seuls en capacité de l'entraver. De retour de Bruxelles, une liste de diffusion est constituée appelant à se mettre au travail pour poursuivre la lutte. Sur cette liste se retrouvent les travailleurs, les experts et les militants, avec pour perspective l'organisation d'une journée internationale contre les armes dans les ports.

***

Nous avons vu ici comment se construit une mobilisation transnationale autour de ces dockers au profil radical. Ils reconstruisent une forme d'agir politique en lien avec la conception qu'ils se font de leur métier : la potentialité de devenir des portiers de la marchandise digne. Que cela soit chez les catholiques ou les activistes des ONG antimilitaristes, la position des ports dans la chaîne logistique et la potentielle capacité de blocage de leurs travailleurs sont perçues comme une possibilité de rendre opérante l'entrave à un commerce considéré comme indigne. Cette mobilisation n'apparaît finalement pas si improbable au regard des caractéristiques sociologiques, des trajectoires des membres du CALP et de certains éléments plus ou moins contingents qui favorisent l'entrée en lutte de ces travailleurs.

L'article montre finalement qu'il existe une homologie entre les conclusions des recherches sur le pouvoir structurel et ses conditions d'activation, notamment la coordination des unités de travailleurs à l'échelle internationale [82], et les positionnements politiques de dockers et de leurs alliés. Comme

81. Intervention en italien. Notre traduction.

l'écrivent Jake Alimahomed Wilson et Immanuel Ness : « Les travailleurs de la logistique occupent une position unique dans le système capitaliste mondial. Leurs lieux de travail se situent dans les goulots d'étranglement du monde [*choke points*] – nœuds critiques dans la chaîne d'approvisionnement capitaliste mondiale – qui, s'ils sont organisés par les travailleurs et la main-d'œuvre, constituent un défi majeur à la dépendance du capitalisme à l'égard de la "circulation sans heurts" du capital. En d'autres termes, la logistique reste un lieu crucial pour accroître le pouvoir de la classe ouvrière aujourd'hui [83]. »

Il reste cependant à saisir les conditions subjectives de prise de conscience de ce pouvoir structurel. Cet article ne participe pas au débat sur l'objectivation du pouvoir structurel de ces travailleurs des *choke points*. Il contribue plutôt à éclairer les conditions de possibilité de formes de subjectivation politique des travailleurs de la logistique qui met au centre une identité professionnelle où la position dans le capitalisme logistique apparaît essentielle pour saisir les causes de leur engagement. En d'autres termes, et pour reprendre le vocable marxiste, cette enquête interroge les processus de conscientisation d'une « classe pour les autres » à la lumière des développements du travail de la logistique [84]. Pourtant, les conditions objectives et subjectives semblent nombreuses pour que ces travailleurs entendent entrer en résistance. En l'espèce, le capital militant accumulé au travail, l'extraversion de leur engagement vers d'autres segments de l'espace des mobilisations, sont des ressources nécessaires à la résistance à cette logistique de la mort que constitue l'industrie de la production et du transport de l'armement. Les dockers constituent un cas intéressant pour les recherches sur les mobilisations au travail, en comparaison avec d'autres segments du capitalisme logistique, tant ils semblent dotés de ressources que d'autres n'ont pas.

82. Vgontzas N., *op. cit.*
83. Alimahomed-Wilson J., Ness, I., *Choke points*, Chicago, University of Chicago Press, p. 84. Notre traduction.
84. À l'instar par exemple des blocages portuaires de dockers de la côte ouest américaine en soutien à Black Lives Matter. Voir Alimahomed-Wilson J., « *Choke points* et lutte antiraciste », *Mouvements*, vol. 110-111, n°2-3, 2022, pp. 26-35.

Amazon et Mercado Libre, regards croisés sur le travail logistique. Entretien avec Tamara L. Lee, Maite Tapia et Maurizio Atzeni

Propos recueillis par Pierre Rouxel et Karel Yon

Tamara L. Lee est assistant professor *à la School of Management & Labor Relations de l'Université Rutgers, dans le New Jersey. Maite Tapia est* associate professor *à la School of Human Resources & Labor Relations de la Michigan State University, à East Lansing, dans le Michigan. Ensemble, elles ont coordonné une enquête sur les relations de travail au sein de plusieurs entrepôts logistiques d'Amazon aux États-Unis* [1].

Maurizio Atzeni est chercheur au Centro de Estudios e Investigaciones Laborales du CONICET, en Argentine, et professeur de relations industrielles à l'Université Alberto Hurtado de Santiago du Chili. Avec Bridget Kenny, il a enquêté sur un entrepôt de Mercado Libre, l'équivalent latino-américain d'Amazon, dans le Grand Buenos Aires [2].

L'entretien réalisé avec Maite Tapia et Tamara L. Lee, d'une part, et Maurizio Atzeni, d'autre part, témoigne de l'importance d'une analyse localisée des firmes transnationales, et des formes d'engagement au travail que chaque configuration rend possibles. La confrontation des observations menées sur le terrain par ces chercheur et chercheuses met en lumière le rapport différencié de ces entreprises au syndicalisme, l'inégale automatisation du travail logistique, ainsi que la façon dont les contextes locaux et les propriétés sociales des travailleurs informent les relations de travail.

---

1. Un premier aperçu de cette enquête est consultable en ligne : https://hrlr.msu.edu/directory/faculty/Amazons-Policing-Power-A-Snapshot-From-Bessemer.pdf
2. Atzeni M., Kenny B., "The Labour Process and Workers' Rights at Mercado Libre: Hiding Exploitation Through Regulation in the Digital Economy", *Future of Work(ers) SCIS Working Paper*, Southern Centre for Inequality Studies, Wits University, 2021 ; Atzeni M., "The Labour Process and Workers' Rights at Mercado Libre: Hiding Exploitation Through Regulation in the Digital Economy", *Work in the Global Economy*, vol. 3, n°2, 2023, pp. 181-200.

Cultures & Conflits (C&C) : Pourriez-vous commencer par nous présenter vos enquêtes, en précisant, d'une part, l'entreprise de plateforme sur laquelle vous travaillez, le site choisi et son contexte d'implantation, et en nous indiquant d'autre part, les méthodes d'enquête et le cadre théorique d'analyse que vous privilégiez ?

Maite Tapia et Tamara L. Lee (M. T. & T. L.) : Nous nous concentrons sur les expériences des travailleurs des entrepôts d'Amazon aux États-Unis. Quand nous avons commencé nos recherches en 2021, elles étaient centrées sur les travailleurs de l'entrepôt Amazon de Bessemer, en Alabama, dans le sud des États-Unis, où il y a une grande majorité de salariés noirs. Depuis, nous avons étendu nos recherches à d'autres entrepôts à travers les États-Unis, notamment à Garner, en Caroline du Nord, dans la banlieue de Minneapolis, dans le Minnesota, et à d'autres endroits dans le Nord du pays.

Nous partons du point de vue des travailleurs (*a worker-centered perspective*) et pour ce faire nous avons commencé par poser une question très simple : qu'est-ce que c'est que de travailler dans un entrepôt Amazon ? Ce que nous avons découvert, en retour, ce sont les différentes façons dont les travailleurs sont « disciplinés » (*policed*) par l'entreprise. Nous parlons d'une « militarisation » des relations de travail. Nous accordons une attention particulière aux identités des travailleurs, en gardant à l'esprit que les questions relatives, par exemple, à la surveillance et au contrôle peuvent être ressenties différemment en fonction du contexte local ou du groupe d'appartenance. En outre, nous réfléchissons à la manière dont les structures d'inégalité comme le patriarcat, le racisme, le sexisme, etc., façonnent les expériences des travailleurs. L'entrepôt de Bessemer est par exemple construit sur une ancienne plantation et se situe dans le Sud profond des États-Unis, où le racisme est fortement ancré.

Bien que nous ayons toutes deux une formation en relations industrielles (nous avons réalisé notre thèse de doctorat à l'école de relations industrielles de l'université de Cornell), nous nous sommes rendu compte que ce champ d'études ne prenait pas suffisamment en compte l'identité sociale des travailleurs ainsi que les systèmes d'inégalités plus larges. De ce fait, les questions de recherche, les méthodologies et les façons d'analyser le travail tendent à être dominées par un point de vue blanc. Nous avons donc plaidé en faveur de la théorie critique des relations industrielles (*Critical Industrial Relations Theory*, CIRT). Il s'agit, en d'autres termes, d'ancrer la théorie des relations industrielles dans les analyses critiques de la race et l'intersectionnalité [3]. Nous adoptons ensuite la CIRT comme cadre théorique et méthodologique. Par

3. Lee T. L., Tapia M., "Confronting Race and Other Social Identity Erasures: The Case for Critical Industrial Relations Theory", *Industrial and Labor Relations Review*, vol. 74, n°3, 2021, pp. 637-662.

exemple, lorsque nous étudions les travailleurs des entrepôts d'Amazon, nous accordons une attention particulière aux expériences des travailleurs noirs dans le Sud et nous contextualisons également l'étude sur le plan historique, ce qui nous permet de comprendre, entre autres, le rôle historique (et actuel) de la police et de l'armée dans le Sud des États-Unis. Cet héritage profondément enraciné d'une police qui est tout à la fois omniprésente auprès de la population noire et indifférente à ses besoins explique encore largement la surveillance et le mépris que nous observons aujourd'hui sur le lieu de travail et à l'extérieur de celui-ci. En outre, nous relions les débats classiques autour de la théorie du processus de travail (*labor process theory*) à la théorie critique de la race et à l'intersectionnalité. Nous parlons ainsi de surveillance racialisée, comme l'ont fait d'autres personnes telles que Simone Brown [4].

En termes de méthodologie, nous veillons à travailler au sein d'équipes diverses et intersectionnelles dans lesquelles nous réfléchissons à notre propre position. Notre méthode repose principalement sur le récit des travailleurs. En d'autres termes, il s'agit d'une approche visant à créer des contre-récits par rapport à la manière souvent hégémonique ou ethnocentrique dont les études sur le travail sont racontées.

Maurizio Atzeni (M. A.) : Il s'agit d'un travail sur l'entreprise Mercado Libre (MELI), que j'ai réalisé au niveau de l'entrepôt et du centre de distribution que l'entreprise possède en Argentine, dans la banlieue de Buenos Aires. MELI est une entreprise d'origine argentine, devenue *leader* dans le secteur du e-commerce et de la livraison de colis en Amérique latine : c'est un peu comme un Amazon sud-américain. En particulier, j'ai étudié l'impact de la gestion algorithmique sur les conditions de travail et sur les possibilités de résistance des travailleurs dans le contexte du système argentin de relations industrielles, qui a lui-même ses particularités.

À titre personnel, mes travaux s'inscrivent plus largement dans la tradition de la *labor process analysis*, qui puise sa source dans l'ouvrage de Harry Braverman, *Labour and Monopoly Capitalism*, publié en 1974 [5], qui reconnaît la centralité du processus de travail en tant que lieu d'extraction de la valeur. Dans cette perspective théorique, la relation entre le capital et le travail sur le lieu de travail est comprise sous l'angle d'une dynamique constante de contrôle et de résistance. D'une part, le capital, par l'intermédiaire de ses dirigeants, fait pression en faveur d'une organisation du travail qui garantit le contrôle de la force de travail et l'extraction de la valeur. D'autre part, les travailleurs tentent de stopper cette dynamique de contrôle, d'une manière plus

4. Browne S., *Dark Matters. On the Surveillance of Blackness*, Durham, Duke University Press, 2015.
5. Ouvrage qui vient tout juste d'être réédité en français : Braverman H., *Travail et capitalisme monopoliste. La dégradation du travail au XXe siècle*, Paris, Éditions sociales, 2023 (1974).

ou moins individuelle ou organisée. Je pense que la *labor process analysis* est une perspective théorique importante, en particulier parce qu'elle rend compte de la manière dont cette articulation fondamentale entre résistance et contrôle, entre consentement et contrôle, est évolutive, en fonction notamment des changements technologiques tels que ceux que nous observons dans le cadre des processus de numérisation et de plateformisation. D'un point de vue méthodologique, j'ai privilégié une approche ethnographique, avec des entretiens approfondis et une analyse de la presse.

C&C : La recherche sur les formes de mise au travail dans les entreprises de plateforme a beaucoup insisté sur le contrôle par le management algorithmique. Vos enquêtes mettent toutefois l'accent sur d'autres aspects. Dans le cas de Mercado Libre, vous montrez que le degré d'automatisation de l'entrepôt est beaucoup moins fort qu'à Amazon. Dans celui d'Amazon Bessemer, vous insistez, comme vous l'avez dit, sur la « militarisation des relations de travail ». Pourriez-vous revenir sur les spécificités des modes de contrôle de la main d'œuvre dans chacun de vos cas ?

M. A. : Alors qu'il existe une tendance des études sur le management par les algorithmes à se centrer exclusivement sur la question du contrôle, je pense qu'il existe une dynamique fluide entre les besoins de contrôle managérial et les résistances auxquelles celui-ci se confronte quotidiennement sur les lieux de travail, et que cela devrait être davantage mis en évidence. En fait, c'est l'une des contributions les plus importantes de la *labor process analysis*. Il est vrai que les systèmes de gestion algorithmique d'aujourd'hui augmentent de manière exponentielle le rythme de travail, les possibilités de contrôle managérial de la productivité et la concurrence entre les travailleurs. Ils fournissent à l'entreprise des instruments pour répercuter les coûts de l'entreprise sur les travailleurs. Les travailleurs que j'ai interviewés parlent d'ailleurs d'un système de contrôle presque « carcéral » qui s'étend jusqu'aux espaces les plus intimes et privés des toilettes. Ils décrivent la routine quotidienne de leur travail comme une course sans fin, dont les conséquences sur le corps sont dévastatrices : « il y a un contrôle du temps terrible, tu dois pointer pour tout » ; « on a seulement vingt minutes pour souffler, avec des journées où tu es mort à la fin », etc.

Mais je m'éloignerais d'une vision selon laquelle le contrôle est tout. Même dans un tel contexte disciplinaire, ou militarisé comme l'avancent Maite et Tamara, les travailleurs trouvent les moyens de s'aménager des espaces d'autonomie, en enfreignant de façon intentionnelle les règles imposées par la direction (ce que Paul Thompson et Stephen Ackroyd désigneraient comme la « mauvaise conduite organisationnelle [6] »). Cela peut, par exemple, consister à tirer profit de l'autonomie relative de secteurs comme celui des « charges

6. Ackroyd S., Thompson P., *Organisational Misbehaviour*, Londres, Sage, 2022 (2e édition).

lourdes » (vélos, téléviseurs, etc.), où les travailleurs ont plus de marges de manœuvre pour ralentir le rythme et ne sont pas soumis aux mêmes exigences de productivité que dans les secteurs de *picking* ou de stockage des produits. De même, dans des secteurs semi-automatisés de production à la chaîne, comme à l'emballage ou à l'expédition, les travailleurs peuvent profiter des moments « creux » pour prendre de l'avance (par exemple, *via* l'assemblage des caisses de carton) et ainsi se donner les moyens d'affronter les pics d'activité. En parallèle de ces résistances individuelles, j'ai observé en d'autres occasions des formes, plus ou moins organisées, de solidarité, de soutien mutuel, de camaraderie (*compañerismo*) entre collègues sur les lignes de production. Il s'agit là de formes de résistance et de solidarité qui sont certes embryonnaires mais qui, dans un contexte social et institutionnel favorable, sont susceptibles d'évoluer vers des formes plus structurées de résistance, d'organisation et d'action collective.

M. T. & T. L. : Si la gestion algorithmique est bel et bien présente dans les entrepôts d'Amazon, nous considérons qu'elle s'inscrit dans le cadre de pratiques d'emploi plus larges que nous avons qualifiées de « militarisation des relations de travail ». En écoutant les récits des travailleurs des entrepôts d'Amazon, nous avons découvert trois éléments importants ressentis par ces travailleurs. Tout d'abord, et peut-être sans surprise, de nombreux travailleurs se sont plaints de la surveillance intrusive qui est omniprésente dans l'entrepôt afin de contrôler leurs performances et d'essayer d'empêcher tout type de syndicalisation. La gestion algorithmique en fait partie, car les cadres eux-mêmes se réfèrent souvent aux algorithmes lorsque les travailleurs tentent d'obtenir une explication pour un problème survenu. Deuxièmement, les travailleurs signalent la présence dans l'entrepôt d'agents de sécurité privés et d'agents de police publics, mobilisés en dehors de leurs heures de travail. Il est important de noter que ces agents de sécurité (privés et publics) semblent également intervenir sur des questions qu'on pourrait classer comme relevant de la routine en matière de ressources humaines. Enfin, lorsque nous approfondissons l'analyse des relations entre les travailleurs et leurs supérieurs, nous relevons la mise en œuvre d'une gestion fondée sur le modèle de la « plantation » (*plantation-style management*) dans laquelle les travailleurs – et en majorité des travailleurs noirs – se plaignent de la manière dont ils sont traités par leurs supérieurs, souvent blancs. Ils mentionnent des cas d'infantilisation, de mépris, d'absence de promotion, alors que leurs homologues blancs en bénéficient. Il est important de noter que cette militarisation des relations de travail est particulièrement ressentie par la majorité des employés noirs et tend à créer une atmosphère de type carcéral.

C&C : On associe souvent un peu trop hâtivement capitalisme de plateforme et recours au travail non salarié, ce qui implique par ailleurs que les syndicats traditionnels ont du mal à s'implanter et se faire reconnaître comme acteurs légitimes dans ces univers de travail. Qu'en est-il dans vos cas respectifs ? Quelles sont les formes de travail auxquelles recourent Amazon et Mercado Libre ? De quelle manières conditionnent-elles l'action collective des travailleurs, tant en termes de modes d'action que d'organisation ? Vos enquêtes respectives donnent par ailleurs à voir un net contraste entre Amazon qui, aux États-Unis, s'oppose farouchement à toute tentative de syndicalisation, et Mercado Libre qui se présente, du moins en Argentine, comme une entreprise plus « responsable » et ouverte à la négociation syndicale. Dans quelle mesure ces contrastes relèvent-ils de cultures d'entreprise différentes ou simplement des contraintes propres au droit du travail local ?

M. A. : Comme je le disais, je ne crois pas que les nouvelles technologies aient un impact univoque et négatif sur les capacités de résistance des travailleurs. En effet, les travailleurs ont toujours trouvé des moyens de résister, dans l'usine fordiste comme dans « l'usine »-plateforme. On le voit aujourd'hui avec les tentatives répétées de syndicalisation dans les usines Amazon de différents pays (Italie, Allemagne, Pologne et même États-Unis) ou dans l'action collective des livreurs, qui ont souvent eu recours aux mêmes instruments technologiques qui les exploitent pour s'organiser collectivement. Ces tendances générales sont évidemment influencées par l'existence d'un contexte légal et de systèmes de relations industrielles plus ou moins favorables aux travailleurs et plus ou moins respectueux de leurs droits. En Argentine, les syndicats du secteur formel conservent aujourd'hui un poids politique et social important. Ils ont toujours défendu les conquêtes sociales et les droits des travailleurs. De surcroît, certains syndicats, comme le celui des chauffeurs routiers, les *Camioneros*, conservent un rôle stratégique dans l'économie ainsi qu'une grande capacité de mobilisation, ce qui en fait des acteurs redoutés par les employeurs. C'est en partie pourquoi MELI, face à la possibilité de voir ses travailleurs représentés par les *Camioneros* à l'instar de tous ceux qui exercent un travail lié à la logistique, a choisi de signer un accord collectif avec un autre syndicat, à l'audience et aux effectifs limités.

Dans les faits, l'entreprise a ainsi pu construire sa prétendue « légitimité » et son ouverture au dialogue avec un « syndicat d'entreprise » (qui tranche avec l'organisation sectorielle traditionnelle en Argentine), plus prompt à accepter les conditions de travail mises en œuvre dans le monde de la logistique sous gestion algorithmique, telles que mentionnées avant. Outre cette politique visant à écarter le syndicat des chauffeurs routiers (qui a engagé de son côté plusieurs combats pour obtenir la représentation syndicale des travailleurs de MELI), l'entreprise a développé une stratégie d'embauche massive de travailleurs temporaires (près de 80 % des travailleurs de l'entrepôt sont des contractuels), avec un *turnover* élevé (la plupart des personnes embauchées ne restent pas plus de trois mois). Cela a été rendu possible grâce à des salaires très élevés, largement supérieurs à la moyenne, ce qui a eu pour effet d'attirer beaucoup de jeunes travailleurs et d'étudiants. Le *turnover* et l'autonomie très relative du syndicat ont finalement empêché l'émergence de toute forme d'organisation collective alternative et ont permis de réduire la conflictualité du travail, malgré l'existence, du fait de l'organisation du travail et de rythmes de production élevés, de risques très importants pour la santé des travailleurs.

M. T. & T. L. : Le contexte des États-Unis est tel qu'il a historiquement permis aux employeurs d'avoir la suprématie. Cette situation a été renforcée sur le plan juridique par la faiblesse de la législation du travail et, dans la pratique, par le fait que les employeurs versent actuellement des millions de dollars à des consultants antisyndicaux pour maintenir leurs établissements vierges de toute présence syndicale. Tout d'abord, le taux de syndicalisation est assez faible aux États-Unis (environ 10 % dans l'ensemble et seulement 6 % dans le secteur privé). En outre, il n'existe pratiquement pas de négociations collectives sectorielles, de sorte que la plupart des travailleurs doivent s'organiser par lieu de travail ou, en d'autres termes, se syndiquer lieu de travail par lieu de travail.

Pour faire reconnaître un syndicat sur leur lieu de travail, la plupart du temps, les travailleurs déposent une requête auprès du *National Labor Relations Board* (NLRB [7]) et doivent se prononcer par un vote pour savoir s'ils veulent un syndicat sur leur lieu de travail. Dans de nombreux cas, les entreprises états-uniennes s'opposent avec véhémence à toute forme de syndicalisation, car la gestion de l'entreprise pourrait devenir plus coûteuse (par exemple, s'il y a un contrat collectif, les salaires et les avantages sociaux peuvent être plus élevés pour les travailleurs, les travailleurs ne peuvent plus être licenciés aussi facilement, etc.). Les entreprises états-uniennes comme Amazon travailleront donc avec des consultants antisyndicaux et des cabinets d'avocats pour bloquer toute possibilité de syndicalisation. Et comme le droit du travail est faible et obsolète, il devient extrêmement difficile de s'organiser dans cet environnement.

Cela dit, en tous points des États-Unis, des travailleurs tentent actuellement d'organiser leur lieu de travail. Chez Amazon, par exemple, les travailleurs de l'entrepôt de Bessemer, en Alabama, ont déjà tenté à deux reprises de créer un syndicat. Toutefois, lors du premier vote en 2021, l'entreprise a agi de telle sorte que des élections équitables n'ont pas été possibles. C'est pourquoi,

7. Le bureau national des relations de travail est l'agence fédérale chargée de veiller au respect du droit du travail et notamment de superviser les processus électoraux de certification syndicale (NdT).

bien que les travailleurs aient perdu le vote et n'aient pas obtenu la majorité, ils ont été autorisés par le NLRB à organiser une nouvelle élection. En mars 2022, ils ont tenu ce vote. Le résultat n'est pas encore connu car il est toujours entre les mains du tribunal. Au-delà d'Amazon, les travailleurs états-uniens ont commencé à s'organiser dans différents secteurs et dans des entreprises notoirement antisyndicales, comme Starbucks. Cela signifie que même lorsque les lois sont défavorables aux travailleurs et que la culture d'entreprise est telle qu'elle tente d'empêcher toute forme de syndicalisation, les travailleurs trouvent des stratégies et des moyens d'acquérir un pouvoir collectif et de se syndiquer.

C&C : Tamara et Maite, dans votre enquête sur Amazon à Bessemer, vous notez un phénomène d'hybridation entre les autorités de l'entreprise et les autorités politiques locales, faisant de Bessemer une sorte de « company town » *moderne, tandis qu'Amazon conforte et reproduit dans les relations de travail des rapports sociaux de domination racialisés. Est-ce que ça signifie que les tentatives d'organisation et de mobilisation des travailleurs y revêtent d'emblée un contenu politique ?*

M. T. & T. L. : Il n'est pas rare que de grandes entreprises telles qu'Amazon bénéficient de subventions et d'allègements fiscaux de la part de l'État ou des autorités locales lorsqu'elles décident d'installer un entrepôt dans leur État ou leur comté. En fait, les maires et les représentants des États espèrent souvent qu'Amazon choisira leur territoire, car cela s'accompagne d'une promesse de créations d'emplois. Toutefois, là où Amazon est peut-être plus singulier, c'est dans sa capacité d'influence sur un large éventail d'agences publiques. Par exemple, lorsque les travailleurs ont tenté d'organiser l'entrepôt de Bessemer, en Alabama, il s'est avéré qu'Amazon avait réussi à obtenir des autorités municipales locales qu'elles modifient le rythme des feux de circulation autour de son site afin que les organisateurs aient moins de temps pour distribuer des tracts lorsque le feu est rouge. Amazon a également réussi à orienter la décision de la poste locale, qui était en charge du vote, quant à l'emplacement de l'urne, à l'encontre de ce qui avait été convenu avec le NLRB.

Si Amazon nous rappelle les anciennes *company towns*, le pouvoir qu'exerce l'entreprise va au-delà et ressemble davantage à un contrôle de type corporatiste. En d'autres termes, alors qu'historiquement l'État exerçait un contrôle et un pouvoir sur ses citoyens, ce rôle a, dans certains domaines, été supplanté par cette grande entreprise. Ainsi, lorsque les travailleurs d'Amazon tentent de s'organiser en syndicat aux États-Unis, ils se heurtent à un Goliath. Ce Goliath n'est pas seulement puissant entre les murs de l'entrepôt, mais aussi au-delà. En effet, Amazon n'affecte pas seulement les conditions d'emploi de ses travailleurs, son influence s'étend aussi dans les sphères de la politique et de la société.

C&C : En comparaison, Maurizio, que peux-tu nous dire de la façon dont la composition sociale du travail mobilisé à Mercado Libre influe sur ses formes de mobilisation ? On peut supposer qu'à la différence d'Amazon à Bessemer, Mercado Libre dans le grand Buenos Aires n'est qu'un employeur parmi d'autres. De quelle manière est-ce que cela influe sur les formes d'engagement au travail ?

M. A. : De nombreux travailleurs de MELI ont d'abord cru au discours méritocratique de l'entreprise. Ils se sentaient honorés ou chanceux d'être employés par une entreprise aussi renommée et de pouvoir gagner autant d'argent. Étant pour beaucoup d'entre eux contractuels, ils ont « tout donné » dans l'espoir d'obtenir un poste permanent, ce qui ne s'est au final que très rarement concrétisé. En ce sens, le fait d'avoir misé sur des travailleurs jeunes et formés et sur ce discours méritocratique – en contradiction avec la réalité quotidienne du travail – a certainement représenté une stratégie délibérée d'entreprise pour obtenir le consentement. Loin d'être un modèle de *company town* qui racialise l'exploitation, MELI a pu tirer parti du marché du travail caractéristique du Grand Buenos Aires, avec une main d'œuvre nombreuse, une offre de travail relativement limitée (en partie à cause du Covid 19 et de ses conséquences, mais pas seulement) et une prédominance des bas salaires. Il reste évidemment beaucoup de recherches à mener sur cette relation entre l'entrepôt et la société, mais d'une certaine manière, MELI s'est appuyé sur les outils de l'entreprise de soi promue par les réseaux sociaux (à la demande de l'entreprise, tous les travailleurs ont par exemple un profil LinkedIn) et sur la fragmentation et l'individualisation qui caractérisent aujourd'hui le monde du travail.

C&C : Pour terminer, une question subsidiaire sur les formes d'action : les entreprises de plateforme projetant leur action à une échelle globale, ou a minima régionale dans le cas de Mercado Libre, elles peuvent contourner des régulations trop contraignantes ou des risques de protestation dans un site ou un pays donné en réaffectant le travail ailleurs. Ce qui pose la question d'une réponse des travailleurs à cette même échelle transnationale. Comme nous le disait une syndicaliste polonaise engagée dans le réseau transnational Amazon Workers United, « le patron pense global, nous devons le faire aussi [8] *». Avez-vous observé des tentatives de ce genre sur vos terrains respectifs ?*

M. T. & T. L. : Les travailleurs et les syndicats sont tout à fait conscients de cette dimension mondiale. Ceci dit, la coordination entre les travailleurs et les syndicats n'est pas seulement importante au niveau mondial mais aussi au niveau national. À l'échelle des États-Unis, par exemple, ce sont plusieurs syndicats, ainsi que des *worker centers* [9] et d'autres groupes militants qui tentent

8. « "Le patron pense global, nous devons le faire aussi" : construire la grève à Amazon. Entretien avec Marta Rozmysłowicz », *Mouvements*, vol. 103, n°3, 2020, pp. 77-82.

d'organiser les travailleurs des entrepôts d'Amazon. L'Amazon Labor Union (ALU) est le seul syndicat à avoir réussi à se faire reconnaître comme représentatif dans un entrepôt d'Amazon aux États-Unis, JFK 8 à Staten Island, New York. Le syndicat Retail, Wholesale and Department Store Union (RWDSU) a tenté d'organiser les travailleurs de l'entrepôt de Bessemer, en Alabama, mais il n'y est pas parvenu jusqu'à présent. Les travailleurs d'un entrepôt de Minneapolis (Minnesota) collaborent avec Awood, un *worker center*, et les travailleurs de l'entrepôt de Garner (Caroline du Nord) ont créé leur propre groupe, C.A.U.S.E. (Carolina Amazonians United for Solidarity and Empowerment – les Amazoniens de Caroline unis pour la solidarité et l'émancipation). Cette fragmentation de la représentation des intérêts des travailleurs entraîne d'énormes difficultés pour s'organiser et se connecter au niveau national, sans même parler du niveau international.

Cela dit, il existe des structures et des groupes qui ont émergé à un niveau plus global pour exiger de meilleures conditions chez Amazon, comme par exemple la campagne *Make Amazon Pay* ou le groupe Amazon Workers International. Aux États-Unis, des groupes tels que l'Athena Coalition jouent ce rôle de coordination. En outre, les syndicats européens ou mondiaux tels qu'UNI Global travaillent aussi activement à la création d'une réponse plus globale contre Amazon. Ces groupes, avec l'aide des syndicats nationaux, ont par exemple réussi à organiser des journées d'action mondiales, souvent à l'occasion du *Black Friday*. Au niveau européen, un comité d'entreprise européen (CEE) a été créé en mai 2022. Bien que le CEE n'ait qu'un droit à l'information et à la consultation, il pourrait être utile pour améliorer la coordination entre les différents syndicats et pays.

M. A. : Je pense que dans le cas des entrepôts logistiques, la nécessité de répondre rapidement à la demande des marchés locaux fait que la dimension locale ou régionale est très importante. Il n'est pas facile de fermer un entrepôt dans un pays et de déplacer son activité loin du marché où le service est fourni. En ce sens, même si ces entreprises peuvent, en tant que multinationales, faire du *lobbying* et obtenir des conditions fiscales ou de travail plus avantageuses en échange de promesses d'investissements, elles sont aussi très ancrées géographiquement. À cela s'ajoute un contexte mondial qui, depuis la pandémie, semble s'orienter de plus en plus vers des politiques de relocalisation et de protectionnisme au niveau national ou régional.

9. Les *worker centers* sont des organisations qui concentrent leurs efforts sur les franges les plus fragilisées du monde du travail (travailleurs pauvres, sans-papiers, etc.) en apportant diverses formes de soutien externe (accompagnement juridique, formation professionnelle, plaidoyer…), sans disposer du statut de syndicat (NdT). *Cf.* Chauvin S., « Le *worker center* et ses spectres : les conditions d'une mobilisation collective des travailleurs précaires à Chicago », *Sociologies pratiques*, vol. 15, n°2, 2007, pp. 41-54.

Du point de vue de l'action syndicale, il est assurément important que les travailleurs puissent s'organiser collectivement et de manière transnationale. Les grèves de solidarité ou les boycotts sont des outils incontournables pour faire connaître les conditions de travail et d'exploitation qui existent dans ces entreprises devenues si centrales dans nos sociétés de consommation. Mais je séparerais ce type d'action de ce qui précède. C'est en effet le contexte politique, social et législatif national qui continue encore aujourd'hui de structurer l'agir des travailleurs et le cadre dans lequel il peut être étudié.

CHRONIQUE BIBLIOGRAPHIQUE

Les gros bras du capital

Lecture croisée des livres de Laurent Gayer et de Matteo Millan et Alessandro Saluppo

Mohamed Slim BEN YOUSSEF

Mohamed Slim BEN YOUSSEF est doctorant en sociologie politique (Mesopolhis/IREMAM) et ATER à l'Université de Lille (CERAPS). Il a notamment publié : « Celui qui paie le café en entretien. Mises en scène de la "modestie" en milieu ouvrier en Tunisie », Mondes arabes, *vol. 2, n°2, 2022, pp. 167-180 ; « Protester pour l'entreprise, contester la reprise : la mobilisation des verriers de l'usine Technoverre en Tunisie »,* Confluences Méditerranée, *vol. 111, n°4, 2019, pp. 15-28.*

Laurent Gayer, *Le Capitalisme à main armée. Caïds et patrons à Karachi*, Paris, CNRS Éditions, 2023, 416 p.

Matteo Millan, Alessandro Saluppo (eds.), *Corporate Policing, Yellow Unionism, and Strikebreaking, 1890-1930. In Defence of Freedom*, Londres et New York, Routledge, 2020, 298 p.

Sur quels acteurs le patronat peut-il compter pour mater la dissidence ouvrière ? Comment l'ordre industriel se reproduit-il alors même qu'il se trouve plongé dans des désordres urbains systémiques ? Quels sont les rapports entre les ordres privé et public de la coercition patronale ? Deux parutions récentes proposent des réponses originales à ces questions. En montrant des patrons fébriles face aux diverses menaces à l'ordre capitaliste, les deux livres explorent les multiples facettes de la coercition patronale dans des contextes nationaux contrastés. Ils invitent à réinterroger la place de la violence dans la reproduction du capitalisme et dans le maintien de la domination de classe. Alors que la littérature tend à se désintéresser de la coercition au travail au profit des phénomènes de consentement et d'adhésion, ces deux nouvelles parutions font la part belle à la contrainte physique dans l'analyse des rapports sociaux de production.

Le livre de Laurent Gayer s'intéresse aux auxiliaires multiples de la domination patronale dans la ville de Karachi au Pakistan, capitale économique et plus grande ville du pays. En enquêtant sur des configurations productives autant que coercitives, l'auteur brosse le portrait saisissant d'un ordre industriel sur une période assez large, allant des années 1950 jusqu'au très contemporain. Son investigation empirique des mondes industriels karachites se déroule entre 2015 et 2022, et il mène durant cette période près de 160 entretiens avec des acteurs sociaux divers dont des travailleurs, des salariés de l'encadrement, des syndicalistes, des avocats et des membres des forces de l'ordre. Combinée à des séjours archivistiques aux États-Unis et au Royaume-Uni, cette enquête donne lieu à un matériau bien fourni et alimente une réflexion informée. L'auteur y soutient que, dans un contexte où les enjeux sécuritaires et productifs s'imbriquent, les processus d'accumulation des richesses et de la coercition sont inséparablement soumis à la loi des rendements décroissants. Discutant une vaste littérature sur la répression anti-ouvrière dans différents contextes nationaux, l'étude fouillée de configurations industrielles karachites, notamment dans les secteurs textile et pharmaceutique, permet à l'auteur de décrire l'extrême labilité d'une coercition pourtant violente, pesant de toutes ses forces sur les classes populaires de la mégapole pakistanaise. La main armée du capitalisme à laquelle renvoie le titre n'est pas toujours celle des capitalistes, et les industriels doivent toujours s'accommoder de professionnels de la coercition autonomes et aux allégeances fuyantes pour sécuriser leurs approvisionnements et tenir en respect les classes ouvrières. Mobilisant une approche synoptique inspirée de la sociologie configurationnelle de Norbert Elias, le livre met en place un dispositif percutant d'administration de la preuve, fort d'une enquête qualitative qui se déroule entre 2015 et 2022. Le lecteur appréciera les images qui concluent le texte, et pas seulement pour leur beauté. Elles témoignent d'une pratique au long cours de la photographie et l'auteur en fait un usage méthodologique, en l'envisageant aussi bien comme technique d'archivage que comme opérateur d'une écriture agréablement visuelle.

Le deuxième ouvrage, codirigé par Matteo Millan et Alessandro Saluppo, est collectif et rassemble des contributions d'historiens et d'historiennes. Faisant écho au livre de L. Gayer de par la thématique traitée, il en diffère par le cadre spatio-temporel de son analyse et par ses ancrages disciplinaires et méthodologiques. Le livre cherche à dépasser les apories du nationalisme méthodologique en matière d'analyse des dispositifs de répression des classes ouvrières en établissant un large tableau comparatiste. Il propose une meilleure compréhension de la fragmentation de l'ordre public et des relations de travail lors de périodes de tensions sociales et politiques extrêmes. En s'intéressant aux stratégies antisyndicales des élites patronales européennes et au-delà, de la Belle Époque à l'entre-deux-guerres, les textes qui le composent analysent une gamme étendue de pratiques coercitives impliquant des acteurs publics et privés. Traversant plusieurs contextes nationaux entre 1890 et 1930, le livre examine des réponses plus ou moins institutionnelles que les capitalistes apportent face au spectre du mouvement ouvrier qui hante l'Europe depuis le XIXe siècle. L'anxiété patronale trouve son exutoire dans une réaction disproportionnée à la dissidence ouvrière, se traduisant par des pratiques de *strikebreaking* qui impliquent recours à la violence, manipulation des divisions ethno-raciales et usage stratégique du *turn-over*.

Ces deux publications mettent à plat des thèses importantes qu'il convient d'examiner. Celles-ci se rapportent au degré de monopolisation de la violence légitime et autorisent à repenser les dualités opposant la société et l'État, le public et le privé ou le travail et le hors-travail.

Plus-value coercitive et anxiété patronale

Les deux livres invitent à repenser la richesse du répertoire coercitif des employeurs, rapporté à une offre souvent pléthorique de la contrainte physique. Dans son texte, L. Gayer montre toute la diversité de ce qu'il appelle « les auxiliaires de la domination patronale ». Il en ressort une coercition fébrile, dont les rendements décroissants sont dus à la surabondance des prestataires de la contrainte. En effet, l'autonomie de ces alliés du capital industriel en fait des partenaires circonstanciels, dont les intérêts peuvent être sensiblement divergents de ceux de leurs donneurs d'ordre. Le positionnement de ces acteurs coercitifs à l'interface du monde usinier et d'autres espaces sociaux se traduit par une ambivalence structurelle : les ressources coercitives qu'ils puisent dans ces espaces sont précieuses pour le patronat, mais leurs ancrages multiples sont au principe d'une différenciation des intérêts qui, à d'autres moments, freinent leur fonction coercitive. Il en résulte une certaine mécanique de la coercition patronale : soumise à une baisse tendancielle du fait de son hétéronomie, elle fait l'objet d'une (dé)stabilisation permanente. L'analyse des « entrepreneurs de violence au service de la violence des entreprises » (p. 42) dépeint ce spectre foisonnant d'acteurs de la contrainte. Les figures du *dada*, caïd jouissant d'une autorité de « grand frère » dans le quartier, et de son cousin illégitime, le *Goonda*, *lumpen* violent et peu scrupuleux, incarnent les loyautés versatiles d'auxiliaires coercitifs situés à cheval entre le monde usinier et la vie de quartier. L'ambivalence caractéristique de ces figures est inquiétante pour un patronat industriel soucieux de diversifier son répertoire répressif, même s'il ne manque pas de choix à cet égard. L'expansion vertigineuse du marché de la protection au Pakistan procure aux industriels de nombreux prétendants à ce rôle, et tout se passe comme si l'offre coercitive de plus en plus pléthorique lui était aussi bien rassurante qu'anxiogène. Ainsi, il peut notamment compter sur certains partis politiques et groupes islamistes, véritables *gatekeepers* dans l'accès aux services publics disponibles pour la population. Mais si leurs ressources coercitives peuvent être mobilisées afin de discipliner la main d'œuvre, la présence concurrente de leurs militants au sein de l'entreprise menace l'ordre usinier. Il s'ensuit une recherche de la lisibilité économique et sécuritaire dans un contexte incertain. Outre les *fauji*, ces militaires reconvertis appelés à la rescousse dès les années 1950, les nouveaux arrivants sur la scène sécuritaire se multiplient. Ainsi assiste-t-on à la systématisation d'une « prophylaxie sociale », confiée notamment aux *contractors*, ces agents recruteurs bien implantés dans la vie de quartier et dotés d'un contrôle sur l'accès à des services urbains essentiels (p. 49). Le lecteur est frappé par les nombreuses figures d'autorité décrites par L. Gayer, à l'interface des mondes usiniers, des métiers de la coercition, de la vie de quartier et de l'espace politique, illustrant toute la richesse du spectre de la domination patronale à Karachi.

Les contributeurs à l'ouvrage codirigé par M. Millan et A. Saluppo montrent également le spectre très large des acteurs de la coercition patronale, cette fois à l'aube du XXe siècle. Le prisme des luttes sociales permet aux différents auteurs de saisir la pluralité des acteurs et pratiques de la violence antisyndicale qui se déploient au moment des grèves. Les entrepreneurs de violence décrits sont plus ou moins autonomes des intérêts patronaux et peuvent avoir leur agenda propre. C'est notamment le cas du mouvement anti-grèves en Russie au lendemain de la révolution de 1905, analysé par Georges Gilbert. Loin d'être de simples surnuméraires de la répression des grèves ouvrières, les groupes qui le composent ont leur épaisseur idéologique propre et revendiquent un projet politique millénariste de restauration d'une Russie fantasmée. À rebours d'un « fonctionnalisme du pire » relevé par Pierre Bourdieu, considérant la domination comme un phénomène implacable s'exerçant par des « appareils [1] », l'analyse y montre que ces groupes se trouvent davantage dans une alliance circonstancielle avec la bourgeoisie industrielle. Force est de constater pourtant qu'ils n'en contribuent pas moins à « résoudre » le problème ouvrier. Un autre texte sur la Russie, celui de Volodymyr Kulikov et Irina Shilnikova, insiste sur la panique qui travaille les industriels et les élites politiques dans la période précédant la révolution de 1905. Cette peur de la perte de contrôle sur les classes subalternes déteint sur les modalités de la répression anti-ouvrière, et les industriels autant que les appareils répressifs d'État affrontent côte-à-côte cette montée de l'action collective dans les usines.

Un oligopole de la violence coercitive ?

Cette multiplicité des acteurs de la coercition patronale invite à nuancer la thèse wébérienne de la monopolisation de la violence légitime par les pouvoirs souverains. L. Gayer l'écrit clairement : « la majorité des États modernes n'ont

1 . Pallotta J., « Bourdieu face au marxisme althussérien : la question de l'État », *Actuel Marx*, n° 58, 2015, pp. 130-143. https://doi-org.lama.univ-amu.fr/10.3917/amx.058.0130

jamais cherché à désarmer intégralement leur société et leurs agents ont appris à coexister avec divers détenteurs privés de moyens de coercition » (p. 116). Ce constat fait écho à la nuance qu'il apporte à une autre hypothèse classique : celle d'une baisse tendancielle de la contrainte physique dans les rapports sociaux de production par la bureaucratisation de la discipline usinière (p. 73), formulée dans *Le Capital* de Marx. Le rôle des acteurs susmentionnés, mais aussi la forte expansion du marché de la sécurité privée – relevée d'ailleurs dans l'ouvrage de M. Millan et A. Saluppo – appuient davantage l'hypothèse d'une oligopolisation de la violence coercitive. Or, en s'armant de l'approche configurationnelle de N. Elias, L. Gayer nous met en garde contre les apories d'une interprétation fonctionnaliste de cette privatisation de la contrainte. Loin de se réduire à des polices privées du capital, les différents auxiliaires de la domination patronale à Karachi forment une configuration plutôt instable, orientée vers des fins d'accumulation des profits et de la coercition.

Sous d'autres cieux et à une époque différente, le livre codirigé par M. Millan et A. Saluppo aboutit à des conclusions similaires. Documentant les pratiques du vigilantisme en Grande-Bretagne entre 1911 et 1914, A. Saluppo analyse les processus de délégation de la violence à partir du cas de la *Volunteer Police Force*. Créée à la veille de la Première Guerre mondiale à l'initiative de l'aristocratie et des classes moyennes supérieures, cette organisation anti-ouvrière usait de violence afin de préserver l'ordre social des turbulences ouvrières. De même, la transnationalisation de l'action patronale dans la même période ne se fait pas sans brouillage des frontières entre ordre public et ordre privé de la répression antisyndicale. C'est ce que montre le chapitre de Pierre Eichenberger qui traite de la mobilisation transnationale des industriels européens à l'orée de la Grande Guerre. Le recours aux « briseurs de grève », main-d'œuvre précaire et importée, par ces patrons européens coalisés, s'accompagne du déploiement d'agents privés qui usent de la violence pour faire cesser les grèves, souvent avec la complaisance plus ou moins silencieuse des autorités policières. Dans le prolongement du *Gilded Age* aux États-Unis, le phénomène est encore plus marqué au début du XXe siècle, période pendant laquelle prospère le vigilantisme armé, documenté dans le chapitre de Vilja Hulden et Chad Pearson.

Le chaos créatif des désordres : mondes industriels et (in)sécurité

L'incertitude sécuritaire systémique de Karachi ne l'empêche pas d'être la capitale économique et financière pakistanaise, comme le souligne L. Gayer dans la conclusion de son livre. Malgré la permanence des désordres urbains, le dysfonctionnement des services publics et des infrastructures déficientes, la ville continue d'attirer les capitaux. À rebours d'une autre thèse wébéro-marxiste, ce paradoxe apparent montre que l'accumulation capitaliste peut se passer de stabilité politique et sécuritaire (p. 400). Tout au long de son livre, l'auteur restitue les conditions d'un étonnant accommodement patronal aux désordres urbains, envisagés comme opérateurs à part entière de l'ordre industriel. Les entrepreneurs font feu de tout bois afin de sécuriser leurs approvisionnements et de discipliner la main-d'œuvre, en puisant dans les ressources pléthoriques de la pègre, des groupes religieux armés, des sociétés de sécurité privée et des organisations paramilitaires. Opérateurs de lisibilité, ces acteurs prouvent que l'ordre peut être créé à partir du désordre, au prix de brouillages entre les enjeux sécuritaires et ceux liés à l'accumulation économique et aux rapports de travail. Dans le cadre d'une politique économique pakistanaise surdéterminée par une « pensée stratégique catastrophiste » (p. 92), ancrée dans une histoire de conflit indépendantiste avec l'Inde voisine, les travailleurs se voient dépossédés de leurs droits sociaux dès les années 1950, sacrifiés sur l'autel de la sécurité nationale. Le processus n'est pas dénué d'une certaine continuité, et le chapitre 6 montre comment la législation antiterroriste des années 1990 a donné lieu à un agencement renouvelé du capital et de la coercition. Dans un contexte de floutage entre les tâches de défense et celles de police, l'arsenal juridique antiterroriste sert aussi à renforcer le dispositif de répression des mobilisations ouvrières. Les désordres urbains contribuent également à façonner l'ordre industriel en renforçant une panique obsidionale chez les patrons. Dans une veine foucaldienne, L. Gayer montre comment ces derniers développent des pratiques de « pouvoir/mouvoir » s'apparentant à un savoir/pouvoir sur les mobilités, afin de se prémunir des illégalismes populaires des quartiers environnants. Pour contrôler les flux de marchandises et de travailleurs, les patrons de la Sindh Industrial Trading Estate, la plus grande zone industrielle karachite, recourent à un profilage de la population ouvrière et exercent un contrôle sur les mobilités populaires, assignant aux dominés un statut frappé du sceau de l'inertie urbaine (p. 303).

Ces deux ouvrages éclairent les processus d'ordonnancement précaire de la coercition patronale et de la répression des classes ouvrières. S'ils convergent vers une approche qui réinterroge la place de la violence physique dans la domination de classe, ces deux livres questionnent aussi les capacités répressives du capitalisme dans les moments de tensions sociales, politiques et sécuritaires, aussi bien dans son centre qu'à sa périphérie et à des époques différentes. La lecture conjointe de ces deux textes peut faire naître la tentation structuraliste de voir dans la permanence phénoménale de cette coercition un invariant du mode de production capitaliste. Néanmoins, la richesse de leur démonstration prouve que rien ne vaut le gain méthodologique de la description attentive aux acteurs, aux pratiques et à la construction sociale des ressources de la domination. Les deux livres montrent certes l'étendue du répertoire coercitif des possédants et ses effets contraignants sur les classes ouvrières, mais dépeignent aussi une domination anxieuse et fragile, jalouse d'une plus-value tendanciellement décroissante et plus ou moins dépendante de ses adjuvants.

REGARDS SUR L'ENTRE-DEUX

« La vie se cache dans les détails ! »

Entretien avec Judith Perrignon à propos de l'usage des archives dans *Victor Hugo vient de mourir* et *Notre guerre civile* [1].

Propos recueillis par Antonia García Castro

Judith Perrignon est journaliste, essayiste et romancière. Elle collabore aujourd'hui avec Le Monde *et* France Culture. *Ses reportages, ses voyages, ses recherches, l'emmènent tantôt vers la fiction, tantôt vers le réalisme du documentaire.*

Cultures & Conflits : Je vous propose de commencer cette conversation par le début, pourrait-on dire... C'est-à-dire, par Hugo, et le roman que vous lui avez consacré : Victor Hugo vient de mourir. *J'ai cru comprendre que l'une de vos motivations premières était de rendre visibles des liens, les liens que tout un chacun – ou presque – entretient avec Victor Hugo. Pourrait-on évoquer ces premiers moments, vos premières motivations ou intentions ?*

Judith Perrignon : Elles sont floues, instinctives quand je commence, et en même temps très profondes, puisque dès l'enfance je nourris une véritable fascination pour Hugo. Je crois être tombée sur une gravure représentant les funérailles, sous-titrée d'une légende un peu lyrique rappelant l'énorme vague de l'émotion populaire. Et, subitement, j'ai eu envie de comprendre pourquoi. Pourquoi ils étaient tous là. Je ne mesurais pas alors combien ce siècle tellement mouvementé, né d'une révolution inachevée et toujours au bord d'une révolte, avait déplacé les foules, et notamment aux enterrements. Je ne savais pas grand-chose au fond. Il y avait une logique historique à cette foule, et en même temps celle-ci portait en elle quelque chose ou quelqu'un d'unique, Victor Hugo. Cette foule a en tout cas réveillé une petite musique en moi. Et ce n'est finalement qu'après avoir écrit *Victor Hugo vient de mourir*, qu'après avoir osé écrire à la première personne dans le dernier chapitre, donc avoir tiré le corps du poète vers moi, que j'ai compris ce qui m'avait fait faire ce livre : Comprendre le lien de la foule à Hugo, c'était chercher à comprendre le mien avec lui.

1 . Perrignon J., *Victor Hugo vient de mourir*, Paris, Éditions de l'Iconoclaste, 2015 et *Notre Guerre civile*, Paris, Grasset, 2023.

C&C : Je ne dis rien sur ce lien plus personnel qui encadre délicatement votre livre, il importe de le découvrir en lisant, je pense, mais nous pouvons nous attarder un peu sur d'autres liens. En fait, nous sommes assez familiers dans cette revue de l'idée que certaines personnes, capables de faire et de « faire faire » à d'autres, le restent parfois après leur mort parce que des liens justement ont été forgés. C'est ce qui rend certains morts problématiques dans diverses configurations politiques [2]. C'est aussi le cas de Victor Hugo, et de ce point de vue, ses funérailles sont révélatrices d'une pluralité d'enjeux. Je pense à la peur des débordements du côté des autorités, mais aussi aux diverses opportunités que ces funérailles pouvaient offrir aux secteurs qui se sentaient concernés, à des titres divers, par la mort d'Hugo. Aviez-vous déjà conscience de ces enjeux ?

J. P. : J'avais donc l'idée d'un livre sur les funérailles. Mais c'est quand j'ouvre l'énorme dossier sur ces funérailles aux archives de la préfecture de police de Paris, que je suis sûre que je le ferai, et comment je le ferai. C'est une chemise en carton très épaisse, pleine de feuilles volantes, de rapports, provenant de tous les niveaux de la hiérarchie policière, des coupures de presse aussi. Sur le haut de la pile, très logiquement, j'ai trouvé les derniers rapports, ceux des mois qui suivent les funérailles du 1er juin 1885, on est donc à l'été, à l'automne 1885. Il y est question des drapeaux rouges confisqués lors des funérailles. Les propriétaires viennent les réclamer à la police. Je comprends alors que ça n'avait rien à voir avec la gravure que je mentionnais plus haut, avec la légende d'une grande et belle unanimité populaire et républicaine. Et plus je lis, plus je réalise que ce fut un moment d'affrontement, que l'événement a été préparé, quadrillé, que les quartiers populaires ont été soigneusement évités. Qu'à l'enterrement de l'auteur des *Misérables*, on voulait tout le monde sauf les Misérables. La première phrase du livre m'est venue presque immédiatement, avec ces premières sensations. « Ils ont peur déjà, le désordre vient si vite »

C&C : À quel moment s'impose ce choix de travailler avec les archives de la police ?

J. P. : Tout de suite. Je travaille alors avec l'éditrice Sophie de Sivry. Elle connaissait bien les archives françaises, pour avoir publié beaucoup de livres à partir d'extraits. Elle me conseille les archives de la police. Elle a raison. Ce sont d'emblée les plus fortes. La pensée brute des gouvernements. J'ai été happée.

2. Voir notamment le dossier présenté par Jakšić M., Fischer N. (dir.), « Les morts encombrants. Du gouvernement politique des cadavres », en particulier les contributions de Melenotte S., « Des morts qui dérangent : espaces clandestins de la disparition et nécropouvoir au Mexique », *Cultures & Conflits*, n°121, 2021, pp. 51-72, et de Delacroix D., « L'État cannibale. Rumeurs de trafic d'os exhumés au Pérou », *ibid.*, pp. 73-97. Voir également sur ces thématiques Garcia Castro A., *La mort lente des disparus au Chili*, Paris, Maisonneuve & Larose, 2002.

C&C : En lisant votre récit, nous sommes littéralement plongés dans les scènes que vous racontez, les plus intimes, puisque nous entrons dans la chambre du mourant, et d'autres qui ne le sont pas. J'ai été très intéressée par les scènes du café situé en face de la maison de Victor Hugo où se réunissent notamment les journalistes, des communards, et l'indic chargé de reporter tout cela, personnage à part entière, identifié sous le numéro dont il signe les rapports : 23. Ces scènes permettent de restituer des débats, des nuances, des aspérités, des douleurs, des amitiés. Et tout cela, pas seulement mais tout de même en partie grâce... aux indics. Pourriez-vous nous parler un peu de cela ? De ce qui pour vous était peut-être attendu et de ce qui a plutôt été une surprise ?

J. P. : L'agonie d'Hugo a été longue. Elle signifiait la fin du siècle, elle agitait toutes les mémoires, tous les courants d'idées, elle touchait du plus pauvre jusqu'au plus puissant au sommet de l'État. Je voulais absolument qu'on entende tout ça. Et je le voyais dans les archives de la police. Car, dès lors que le pays a compris que le poète allait mourir, il y a eu des réunions politiques un peu partout. Et notamment chez les révolutionnaires, les communards, les anarchistes. Ils s'engueulaient. Au fond, on l'aimait Hugo ou pas ? Il était avec nous ou contre nous ? On est triste ou pas ? On ira à ses funérailles ou pas ? Il leur donnait du fil à retordre, son parcours politique est complexe, toujours empreint d'un grand humanisme, de plus en plus réformiste, socialiste à la fin de sa vie dira-t-il, mais adepte des pentes douces, pas des révolutions. Et je lisais tout ça dans les archives de la police, notamment grâce aux rapports des indics. Je ne m'attendais pas à trouver ces documents, ces pages sans entêtes, manuscrites et signées d'un numéro. 16, 50, 23... J'ai fait de 23 un personnage, car il revenait souvent, il y avait beaucoup d'indics, de casseroles comme ils disaient alors, chez les anarchistes. Leurs rapports sont pleins de noms, de citations. C'est là que j'ai découvert, par exemple, le débat entre Maxime Lisbonne et Prosper Olivier Lissagaray, deux anciens communards, le premier passé par le bagne de Nouvelle Calédonie, l'autre enfui en Angleterre, le premier ne veut pas rendre hommage à Hugo qu'il peut pourtant citer par cœur, le second pleure Hugo. C'était passionnant. Un véritable éclairage sur la radicalité politique. Mais je voulais que mon livre se lise comme un roman. Je ne voulais pas faire de longs paragraphes sur les opinions des uns et des autres. Je voulais que ce soit vivant. Et il y avait effectivement ces cafés en bas de chez Hugo. Et j'avais lu dans les archives qu'ils avaient reçu une autorisation exceptionnelle de rester ouverts toute la nuit. Car le pays vivait au rythme des bulletins médicaux. La presse guettait le dernier souffle. Les ultimes décisions. Hugo allait-il mourir sans l'extrême onction ? L'évêque était à sa porte. Hugo ne voulait pas qu'il entre. Il allait en mourant filer une grande baffe à l'église. J'ai fait vibrer tous ces débats dans le café enfumé, juste en bas de chez lui.

« Jusqu'où fallait-il aller ? »

Comme des bois morts au fil de l'eau, les dernières barricades refont surface, elles sont tombées il y a quatorze ans, dans le sang et le carnage, au nom de l'ordre et de la République. Elles flottent encore dans les têtes, elles dessinent des lignes, des démarcations, des questions, des choix, de quel côté sont-ils tombés, jusqu'où sont-ils allés, jusqu'où fallait-il aller ? Elles sont encore en eux malgré le temps qui passe, malgré les rides et les cheveux gris. Il saigne encore, Lisbonne, le bagne, ses fers, ses fouets, ses tortures lui font mal. Était-ce la dernière des révolutions ? Elle s'appelait Commune de Paris. Victor Hugo avait buté sur elle. *Je suis pour la Commune en principe, mais contre la Commune dans son application.* Les Prussiens étaient victorieux, ils étaient aux portes de la capitale, le poète ne voulait pas la fracture de son pays, *j'ai cru devoir être présent à la guerre étrangère et absent à la guerre civile.* Lissagaray et Lisbonne connaissent par cœur ces phrases. Le premier écrira demain dans son journal, *La Bataille*, Hugo l'interprète de nos rêves, le second s'écriera, le traître à nos rêves. Le rêve est une matière filandreuse.

–Tu liras, dit Lisbonne, tout en lui tendant l'édition spéciale de *L'Ami du peuple*.

Sur la une, encadré de noir, un dessin d'Hugo sur son lit de mort, une couronne de laurier sur la poitrine, on dirait un hommage, mais ça se gâte à l'intérieur. 23 rit intérieurement. Il est là, à quelques mètres d'eux, il a probablement la même redingote froissée, le même calepin dans la poche, le même œil fatigué que tous les autres, il est peut-être tout aussi véhément et bavard qu'eux, ce journaliste à la solde de la police. Il ricane en lui-même de voir Lisbonne si fier de son édition spéciale, alors qu'elle est sur le bureau de la préfecture de police depuis la veille. C'est lui qui s'en est chargé.

J. Perrignon, *Victor Hugo vient de mourir*, pp. 44-45.

C&C : Oui… toutes ces tensions deviennent parfaitement visibles, audibles, notamment dans ce café. On ne parle que d'Hugo… Mais vous avez donné la parole à tout le monde. Cette circulation de la parole, la pluralité des voix, ces Misérables dont on ne voulait pas et qui ne conçoivent pas de ne pas être là, qui se sentent absolument concernés, vous les donnez à entendre aussi. Je pense aux lettres dans lesquelles certaines personnes s'expriment pour donner leur avis sur la pertinence de l'entrée au Panthéon ou non, ou à propos du jour des funérailles et du trajet… Ces lettres font partie d'un autre fonds d'archives n'est-ce pas ?

J. P. : Oui, ces lettres se trouvent dans les archives de la Maison Victor Hugo, Place des Vosges à Paris. C'est le courrier adressé à la famille d'Hugo, très réduite alors, puisque sa femme et trois de ses enfants sont morts déjà, ainsi que Juliette Drouet, sa compagne de toujours. Il ne reste qu'Adèle, sa fille enfermée à l'asile, et Alice, veuve de son fils Charles, mère de ses petits-enfants Georges et Jeanne, alors remariée avec Edouard Lockroy, figure progressiste, député du 11ème arrondissement. L'enterrement d'Hugo leur échappe puisque l'assemblée a voté à l'unanimité des funérailles nationales. C'est l'œuvre du gouvernement qui décide du parcours, l'itinéraire ne quittera pas les beaux quartiers, et qui décrète que ce sera non pas un dimanche mais un lundi, jour où les ouvriers sont au travail. La famille reçoit donc les courriers de ceux qui n'en seront pas. Les plus beaux sont signés collectivement, « les employés des quartiers du Faubourg-Saint-Denis et Saint-Vincent-de-Paul », parfois dans un français fragile et mal orthographié qui laisse deviner peu de temps sur les bancs de l'école. C'est toujours pour demander un détour, et un autre jour, toujours pour dire que les petits rendront à Hugo un bien plus bel hommage que les importants. On y entend déception et colère, mais surtout leur admiration, leur attachement à Hugo. L'écrivain comme l'homme politique les a vus, leur a tendu un miroir. Quand j'ai eu ces lettres entre les mains, j'étais très émue. Les réponses et les notes de Lockroy sont très émouvantes elles aussi. Il tente de faire fléchir le gouvernement : « Ai fait tous les efforts pour que dimanche. Espère encore ». En vain.

C&C : Louise Michel est déjà là… Bien entendu. Et c'est à elle et à d'autres femmes de la Commune que vous avez consacré votre dernier ouvrage, Notre guerre civile. *Vous retournez à cette occasion aux archives de la police… Et cette fois-ci la quête, la lecture, la fréquentation des archives font partie intégrante du récit. L'écrivain voit des choses que le chercheur en sciences sociales peut voir aussi… mais qu'il ou elle s'autorise rarement à partager, même en annexe méthodologique… C'est l'espoir de retrouver un peu de vie dans les archives qui ne sont pas là pour faire vivre et pourtant… Vous donnez à voir cet espoir, pas tant le vôtre, ceux des autres, d'autres types de chercheurs. Qu'est-ce qui vous a poussée, dans le cas de ce livre, à rendre ces scènes visibles ?*

J. P. : Louise Michel est emprisonnée à la prison des femmes de Saint Lazare, lorsque Hugo meurt en 1885. Elle est la grande figure de la Commune, elle est revenue de déportation, mais a été condamnée à nouveau pour avoir mené une manifestation de chômeurs qui s'est finie par quelques boulangeries dévalisées. Je l'avais cherchée quand j'écrivais sur Hugo, mais sans savoir qu'un jour je reviendrai aux archives pour ne me consacrer qu'à elle. À la demande de France Culture, j'ai réalisé une série documentaire sur Louise Michel en 2021 [3]. Cette série est effectivement devenue un livre, où j'ai accentué et détaillé tout ce qu'on peut ressentir quand on plonge dans les archives brutes. C'est le souvenir de mes recherches sur Hugo, qui m'a fait retourner aux archives de la préfecture de police de Paris. J'y ai ajouté les archives de Paris où sont classés les dossiers d'écrous, mais aussi les archives des bagnes

3. Émission disponible sur : https://www.radiofrance.fr/franceculture/podcasts/serie-louise-michel-femme-tempete (consulté le 4 octobre 2023).

gardées à Aix en Provence. Ces trois lieux contiennent des pans entiers de la vie de Louise Michel qui, de 1871 à sa mort en 1905, a été soit déportée, soit emprisonnée, soit surveillée. C'est bon de rappeler le sort que lui a réservé la République française qui aujourd'hui en fait une icône, et la vide de toute sa substance, de toute sa colère. Je voulais lui rendre sa vie, et la vie on la sent passer dans les archives, même si elles sont tenues par le pouvoir et sa police. C'est comme si ces vies débordaient de ces dossiers, pourtant faits pour les étouffer. Quand vous ouvrez les registres d'écrou d'une prison de femmes de la fin du XIXe, rien que les prénoms d'alors, dont certains très beaux et disparus, leur donnent chair et prennent le pas sur leur matricule. Quand vous épluchez les comptes rendus des procès des communardes, appelées « les pétroleuses », vous voyez témoigner les concierges de Paris, d'épouvantables balances, vous entendez une femme condamnée à mort demander à la cour qui va nourrir son bébé qui vient de naître. Quand vous lisez les rapports des agents en charge de la surveillance de Louise Michel, vous voyez qu'elle joue parfois à cache-cache avec eux, qu'elle les rend fous. Et vous riez avec elle ! La vie se cache dans les détails !

« Reconstituer une vie... »

La salle de lecture n'est pas grande. De larges fenêtres laissent entrer la lumière du jour. Par contraste, le guichet où sont apportés les documents est comme une percée dans le mur, il semble mener vers l'obscurité d'un tunnel. Nous avons tous, ici, le sentiment de sortir les dossiers du noir, nous sommes tous en train de reconstituer une vie qui nous échappe. Mais au fond, seuls ceux qui viennent y chercher une part d'eux-mêmes savent ce que cela veut dire. Ils sont reconnaissables, faciles à distinguer des étudiants, des chercheurs universitaires, ou des auteurs impressionnistes dans mon genre. Ils sont trahis par leur corps, leur voix plus forte que les autres rompus aux usages et au silence des salles d'archives, par leur âge aussi, ils ont tant attendu d'avoir le temps, d'avoir l'audace, ils ont probablement retourné longtemps dans leur tête l'idée de venir là, ils ont hésité, ils ont eu peur, ce n'était pas leur place, ce n'était pas si important, personne ne leur avait passé commande, sinon une vieille curiosité, une légende familiale, peut-être même une lancinante douleur, ils cherchent ici la trace de quelqu'un, autour duquel s'est déroulé leur histoire, ou celle de ceux qui les ont précédés. [...] Je me rappelle ces gens cherchant la trace d'un gardien de la paix de la famille, qu'ils disaient avoir été tué par les nazis à Paris au début de la guerre : rien, il n'y avait aucune mention de lui dans les dossiers, ils insistèrent, demandèrent d'autres registres, mais rien, et soudain le courage, l'héroïsme, le bon côté de l'Histoire semblait refluer dans leurs veines et ce, sur plusieurs générations. Je me rappelle cet homme penché sur un dossier avec sa femme. Son doigt avançait verticalement sur le grain du papier. « C'est mon père ! », s'écria-t-il subitement, rompant la sacro-sainte règle du silence. Tout le monde avait levé la tête, mais c'était son père, peut-être ne l'avait-il jamais connu, se l'était-il toujours entendu raconter. Alors plus que jamais, plus que dans la voix de grands-parents, d'une mère comblant le silence, l'absent existait.

J. Perrignon, *Notre guerre civile*, *op. cit.*, pp. 55-56.

C&C : Il y a quelques années, en Argentine, une partie des archives de la police de la province de Buenos Aires a été ouverte et les personnes fichées avant et pendant la dictature (1976-1983) ont pu consulter leur dossier. Je faisais alors un travail sur un groupe de musiciens argentins, né dans les années 1960. Les rapports étaient si précis que l'on pouvait reconstituer le répertoire joué certains soirs… ! Ce que d'autres avaient oublié était là… S'agissant de Notre guerre civile… *y a-t-il eu aussi des découvertes de ce côté-là ? Du côté des détails ?*

J. P. : Oui, bien sûr. La police, en plus de ses rapports, de ses indics dans les réunions, découpait les journaux de tout bord, anarchistes comme de droite. C'est une formidable revue de presse. Par exemple, j'ai adoré lire l'article du journaliste du *Figaro* qui s'est précipité chez Louise Michel le lendemain de son retour de déportation en Nouvelle Calédonie. C'est condescendant, machiste et réactionnaire. Mais il décrit l'endroit, une petite maison dans la Marne. Il raconte la mère de Louise Michel qui s'agite dans l'autre pièce, elle ne supporte pas les combats et les grandes phrases de sa fille, elle la trouve mal attifée, « J'ai mis un filet pour te plaire. Vois, mes cheveux ne sont plus épars », lui dit gentiment Louise Michel. C'est un petit rien, et en même temps ça en dit long sur le lien de la fille à sa mère. Marie-Anne Michel, analphabète, servante toute sa vie, tombée enceinte parce que ses maîtres la violaient, est au cœur des convictions révolutionnaires de Louise Michel : plus aucune femme ne doit vivre comme elle.

On se rend compte aussi dans cet article que la grande polémique alors, c'est de savoir si elle a fait la bise à Clemenceau sur le quai de la gare, la veille. Elle pourrait lui avoir fait la bise, ils étaient tous deux à Montmartre pendant le siège de la Commune de Paris, il lui a envoyé des mandats pendant qu'elle était en Nouvelle Calédonie. Ils sont très liés. Mais Clemenceau, qui siège désormais à la gauche de l'hémicycle, est devenu l'ennemi des révolutionnaires. Donc, Louise Michel assise face au journaliste du *Figaro* qui lui a apporté l'édition du jour, commente l'article : « ceci est vrai ! ceci est faux ! Je n'ai pas embrassé Clemenceau ! ». Cette bise, qu'elle l'ait faite ou non, a été totalement oubliée. Mais elle contient toute la défiance, toutes les passerelles rompues entre révolutionnaires et progressistes modérés. Débat encore en cours !

C&C : Vous faites mention dans l'un des extraits ici cités aux « auteurs impressionnistes » dans votre genre. J'ai l'impression en vous lisant que vos livres dessinent effectivement en pointillé un autre genre littéraire possible ou une autre possibilité pour l'écriture. La question de la forme se pose-t-elle pour vous ? Se pose-t-elle d'une fois pour toutes ou bien se pose-t-elle à chaque fois de manière différente selon le thème ou les enjeux propres à chaque projet d'écriture ?

Étudiante, j'ai souffert de toutes les formes imposées, le fond m'intéressait, qu'il soit littéraire, historique ou philosophique, mais la forme semblait toujours prendre le dessus, comme s'il n'y avait qu'une façon de lire et commenter les textes, je trouvais ça glacial, je n'arrivais pas à m'y faire. Je ne sais pas pourquoi, j'ai fait quelques années de droit public avant de rentrer en école de journalisme, mais je me souviens de la remarque très juste d'un prof en dessous d'une mauvaise note : « Faites du droit, pas de l'impressionnisme ! ».

Auteure, je suis intimidée à chaque fois que je me lance. Le sujet s'impose, me prend la tête, il m'obnubile, et par l'émotion qu'il installe, je sens qu'il y a là un sujet pour moi. Alors, je cherche la forme. Ce n'est jamais la même d'un livre à l'autre. Comment tirer le fil ? Qui parle ? Comment remonter dans le temps pour éclairer le présent du livre ? C'est quand j'ai répondu à ces quelques questions, que je commence à écrire, et alors montent des idées nouvelles, des pensées qui ne viennent qu'en écrivant, et donc de nouvelles recherches parfois. Au fond, ce n'est qu'en chemin que je comprends pourquoi un livre s'est imposé à moi. Quand j'ai commencé *Victor Hugo vient de mourir*, je racontais mes trouvailles des archives à mon père, il était heureux, c'est lui qui m'avait fait aimer la poésie, enfant. Il n'a jamais pu lire ce livre, il est mort avant que je le termine. Alors, il s'est invité sous ma plume, je parlais de lui et aussitôt je rayais, pourquoi parler de mon père à l'enterrement de Victor Hugo, mais les phrases montaient dans ma tête, revenaient sur mon écran, je rayais à nouveau. Et puis, j'ai fini par les laisser, Victor Hugo venait de mourir, et mon père aussi. J'avais fini par comprendre qu'évoquer mon père, c'était raconter comment voyagent les textes jusqu'à nous, c'est tellement intime, impossible à codifier.

RÉSUMÉS / ABSTRACTS

Résumés / Abstracts

« Nous sommes Rio Tinto ». Engagement et encadrement de la main-d'œuvre dans une mine « durable »
Doris BUU-SAO

À l'heure des discours sur les besoins en métaux de la transition énergétique, les entreprises minières prétendent être d'incontournables alliées de la lutte contre le changement climatique. Elles se présentent comme des entreprises soucieuses de la préservation des écosystèmes, de la prévention des risques professionnels et du développement économique des territoires d'implantation. La mine andalouse de Rio Tinto, qui a recommencé à produire du cuivre en 2015, est emblématique de ce tournant. Au-delà des discours de façade sur la « mine durable », l'ethnographie de la mine de Rio Tinto donne à voir les transformations à l'œuvre, notamment concernant la fragmentation et l'individualisation des conditions de travail, parallèlement à l'affaiblissement des structures syndicales. Dans ce contexte, l'article analyse comment l'encadrement des formes d'engagement au travail qui accompagne les promesses de « mine durable » alimente des logiques de (dé)mobilisation oscillant entre l'allégeance et la résistance.

"We Are Rio Tinto": Involvement and Management of the Workforce in a "Sustainable Mine"
Doris BUU-SAO

Mining companies are seizing on the rhetoric about the need for metals in the energy transition to claim that they are key allies in the fight against climate change. They present themselves as enterprises concerned with the preservation of ecosystems, the prevention of safety hazards and the economic development of the regions in which they operate. The Rio Tinto mine in Andalusia, which resumed copper production in 2015 is emblematic of this shift. Beyond the rhetoric of "sustainable mining", the ethnography of the Rio Tinto mine reveals the transformations underway, in particular the fragmentation and individualisation of working conditions, and the weakening of trade union structures. In this context, the article analyses how the management of commitment to work that accompanies the promises of "sustainable mining" fuels logics of (dis)mobilisation that oscillate between allegiance and resistance.

Ce qu'une multinationale « citoyenne » fait aux citoyens. La managérialisation d'engagements salariés au Mexique
Pierre ROUXEL, Karel YON

Dans quelle mesure les entreprises contribuent-elles à façonner les formes légitimes de la participation politique et sociale ? Jusqu'ici peu explorée, cette question se pose aujourd'hui avec acuité. L'essor d'un capitalisme « éthique » et les efforts des entreprises pour susciter des engagements de la part de leurs salariés, dans l'orbite des politiques de « responsabilité sociale et environnementale » (RSE), viennent en effet percuter les formes classiques de citoyenneté salariale, assises sur le syndicalisme et la représentation collective du personnel. À partir d'une enquête par observations et entretiens menée sur une multinationale de la distribution sportive au Mexique, cet article met en lumière un processus de managérialisation des pratiques civiques. Plutôt que de célébrer la diversité des modes d'engagement des salariés, le management de l'entreprise procède à leur gestion différenciée et hiérarchisée : tandis que les pratiques relevant de la RSE sont valorisées et présentées comme permettant l'accomplissement de la mission citoyenne de l'entreprise, la mise en place d'une représentation collective du personnel reste largement illusoire, en dépit des encouragements induits par la réforme des relations de travail engagée par le gouvernement mexicain.

What a "citizen" transnational corporation does to citizens. The managerialization of employee commitments in Mexico
Pierre ROUXEL, Karel YON

To what extent do corporations shape legitimate forms of political and social participation? This is a question that has been little explored in the past but has now become more prevalent. Indeed, the rise of 'ethical' capitalism and the efforts of companies to encourage their employees to make commitments, in the orbit of 'corporate social responsibility' (CSR) policies, are impacting on traditional forms of industrial citizenship, namely trade unionism and collective representation. Based on observations and interviews conducted at a transnational sports retailer in Mexico, this article highlights a process of managerialization of civic practices. Rather than celebrating the diversity of ways in which employees are involved, the company manages them in a differentiated and hierarchical way: while CSR practices are promoted and presented as enabling the corporation to fulfil its civic mission, the implementation of collective employee representation remains largely illusory, despite the institutional changes provided by the Mexican government's reform of labour relations.

Ryanair en Belgique. À la conquête de la citoyenneté industrielle
Bruno BAURAIND, Jean VANDEWATTYNE

Dans un contexte *a priori* hostile au syndicalisme et à la négociation collective, cette contribution cherche à comprendre comment les syndicalistes et certains travailleurs de Ryanair en Belgique sont parvenus à encastrer la compagnie irlandaise dans le système des relations collectives de travail belge. À partir d'une présence

Ryanair in Belgium. Conquering industrial citizenship
Bruno BAURAIND, Jean VANDEWATTYNE

In a context *a priori* hostile to trade unionism and collective bargaining, this contribution seeks to understand how trade unionists and some workers in Belgium have managed to embed the Irish airline Ryanair in the Belgian collective labour relations system. Based on long-term presence in the field (2011-2022) and

longue sur le terrain (2011-2022) et d'entretiens répétés avec les acteurs, nos résultats montrent que l'entreprise multinationale néolibérale, dont Ryanair est l'archétype, n'exclut pas *de facto* la possibilité d'une forme de citoyenneté industrielle collective, autonome et conflictuelle. Au contraire, certaines propriétés du modèle productif de la compagnie aérienne, fondé sur les bas salaires et l'antisyndicalisme, ont été mobilisés et instrumentalisés par les salariés et les syndicalistes pour implanter une représentation syndicale au sein de la filiale belge. Plus largement, cette adaptation stratégique du syndicalisme à la configuration néolibérale de l'entreprise permet de nourrir le débat sur le renouveau ou la recomposition du syndicalisme en Europe de l'Ouest.

repeated interviews with actors, our findings show that the neoliberal transnational corporation, of which Ryanair is the archetype, does not *de facto* exclude the possibility of a collective, autonomous and conflictual industrial citizenship. Conversely, some features of the airline's low-wage, anti-union production model have been mobilised and instrumentalised by employees and trade unionists to establish union representation within the Belgian subsidiary. More broadly, this strategic adaptation of trade unionism to the neoliberal configuration of the corporation contributes to debates on the renewal or recomposition of trade unionism in Western Europe.

Les recompositions d'une forme de « citoyenneté docker ». La lutte contre la circulation des armes d'un collectif de travailleurs du port de Gênes.
Julien O'MIEL

Depuis les années 1990, les terminaux portuaires sont privatisés et le statut protecteur des dockers est remis en cause. Tout semble donc concourir à des processus de dépolitisation du travail. Pourtant, le cas du collectif autonome des travailleurs portuaires de Gênes, engagé dans une lutte contre la circulation des armes, donne à voir la persistance dans l'espace portuaire génois de mobilisations politiques radicales. À partir de ce cas, cet article interroge les recompositions d'une forme de « citoyenneté docker ». Ce collectif inscrit dans les luttes locales étudiantes et antifascistes entre en conflit avec le syndicat majoritaire pour intégrer un syndicat basiste visant à réintroduire de la conflictualité au port. Leur perspective radicale les amène suite à la publicisation de la circulation d'armes dans le port, à la constituer en cause. Prenant conscience de la force que leur octroie leur position au sein du capitalisme logistique en termes de filtrage de la marchandise indigne, ils s'insèrent dans l'espace européen des luttes antimilitaristes.

The recompositions of a form of "docker citizenship". The fight against the circulation of weapons by a collective of Genoa port workers
Julien O'MIEL

Since the 1990s, port terminals have been privatized and the protective status of dockers has been called into question. Everything seems to contribute to the depoliticization of work. However, the case of the autonomous collective of port workers in Genoa, engaged in a struggle against the circulation of weapons, shows the persistence of radical political mobilizations in the Genoese port space. From this case, this article questions the recomposition of a form of "docker citizenship". This collective, inscribed in local student and anti-fascist struggles, entered into conflict with the majority union to integrate a union aiming to reintroduce conflictuality in the port. Their radical perspective leads them, following the publicization of the circulation of weapons in the port, to question it. Becoming aware of the strength that their position within logistics capitalism grants them in terms of filtering unworthy merchandise, they insert themselves into the European space of antimilitarist struggles.

Amazon et Mercado Libre, regards croisés sur le travail logistique. Entretien avec Tamara L. Lee, Maite Tapia et Maurizio Atzeni

Maite Tapia et Tamara L. Lee ont coordonné une enquête sur les relations de travail au sein de plusieurs entrepôts logistiques d'Amazon aux États-Unis. Avec Bridget Kenny, Maurizio Atzeni a enquêté sur un entrepôt de Mercado Libre, l'équivalent latino-américain d'Amazon, dans le Grand Buenos Aires. Ces enquêtes témoignent de l'importance d'une analyse localisée des firmes transnationales, et des formes d'engagement au travail que chaque configuration rend possibles. Cet entretien croisé met en lumière le rapport différencié de ces entreprises au syndicalisme, l'inégale automatisation du travail logistique, ainsi que la façon dont les contextes locaux et les propriétés sociales des travailleurs informent les relations de travail.

Amazon and Mercado Libre, two perspectives on warehouse work. An interview with Tamara L. Lee, Maite Tapia and Maurizio Atzeni

Maite Tapia and Tamara L. Lee coordinated an investigation into labour relations at several Amazon warehouses in the USA. With Bridget Kenny, Maurizio Atzeni investigated a warehouse of Mercado Libre, Amazon's Latin American equivalent, in the Greater Buenos Aires. These investigations demonstrate the importance of a localized analysis of transnational firms, and of the forms of engagement at work that each configuration makes possible. Our interviews with the authors highlight the differentiated relationship of these companies to trade unionism, the uneven automation of logistical work, and the way in which local contexts and the social properties of workers inform labour relations.

« La vie se cache dans les détails ! » Entretien avec Judith Perrignon à propos de l'usage des archives dans *Victor Hugo vient de mourir* et *Notre guerre civile*

L'écrivain aborde ici deux de ses livres et son choix de travailler avec diverses archives dont celles de la police pour reconstituer une pluralité d'enjeux et d'itinéraires autour de deux grandes figures historiques.

"Life is hidden in the details!" Interview with Judith Perrignon on the use of archives in *Victor Hugo has died* and *Our civil war*

In this interview, the writer discusses two of her books and her choice to work with various archives, including police archives, to reconstruct a range of issues and itineraries around two great historical figures.

Droit et Société

Revue soutenue par l'Institut des sciences humaines et sociales du Centre national de la recherche scientifique (France)
ISSN 0769-3362

Administration et abonnement

Lextenso
La Grande Arche, paroi Nord, 1 parvis de la Défense
92044 Paris – La Défense Cedex, France
Tél. : 01.40.93.40.40

Secrétariat de rédaction

MSH Paris-Saclay, ENS Paris-Saclay
4 avenue des Sciences, F-91190 Gif-sur-Yvette Cedex
e-mail : redaction.droitetsociete@gmail.com

Site Internet : ds.hypotheses.org
La revue est disponible sur Persée, Cairn.info et HeinOnline

Au sommaire du numéro 113/2023

À propos

Dossier : Droit et handicap
coordonné par Aude Lejeune et Anne Revillard

Études

Traduit pour vous

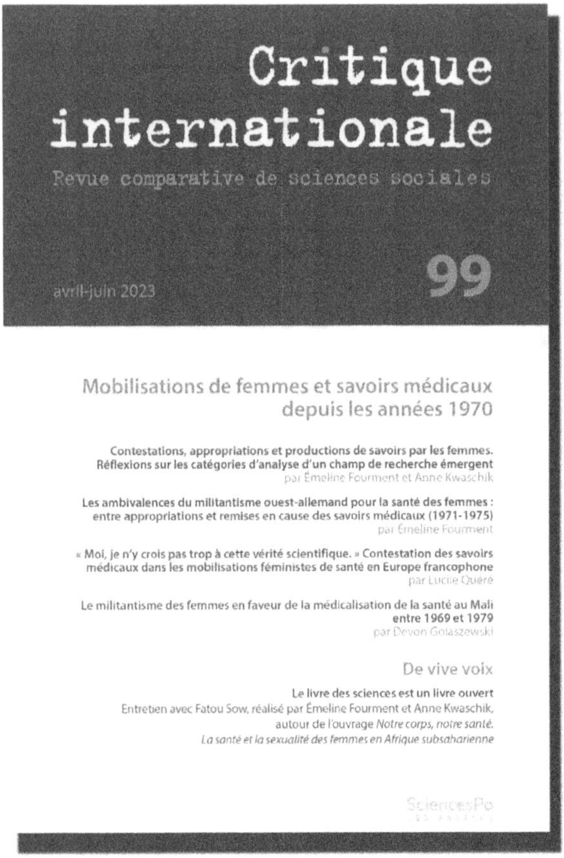

Critique internationale

Revue comparative de sciences sociales

avril-juin 2023

99

Mobilisations de femmes et savoirs médicaux depuis les années 1970

Contestations, appropriations et productions de savoirs par les femmes. Réflexions sur les catégories d'analyse d'un champ de recherche émergent
par Émeline Fourment et Anne Kwaschik

Les ambivalences du militantisme ouest-allemand pour la santé des femmes : entre appropriations et remises en cause des savoirs médicaux (1971-1975)
par Émeline Fourment

« Moi, je n'y crois pas trop à cette vérité scientifique. » Contestation des savoirs médicaux dans les mobilisations féministes de santé en Europe francophone
par Lucile Quéré

Le militantisme des femmes en faveur de la médicalisation de la santé au Mali entre 1969 et 1979
par Devon Golaszewski

De vive voix

Le livre des sciences est un livre ouvert
Entretien avec Fatou Sow, réalisé par Émeline Fourment et Anne Kwaschik, autour de l'ouvrage *Notre corps, notre santé. La santé et la sexualité des femmes en Afrique subsaharienne*

SciencesPo Les Presses

Diffusion/distribution CDE/SODIS ISBN 978-2-7246-4021-2

Et aussi...

Wolqayt, la terre promise et ses limites. Mobilisations nationalistes amhara, foncier et bureaucratie dans la guerre civile éthiopienne (2016-2022)
par **Mehdi Labzaé**

Prochain numéro

Varia
Les mobilisations anticommunistes dans l'espace politique européen après la guerre froide
par **Laure Neumayer**

« La terre ne nous appartient pas, nous lui appartenons. » Usages militants de la théologie et recompositions identitaires en Israël-Palestine
par **Caterina Bandini**

« Faire avancer le schmilblick ». Les experts fonciers et la fabrique du cadastre au Bénin
par **Thibault Boughedada**

« Un dieu ne peut pas mourir. » Enjeux des divergences dans les récits sur la défaite des LTTE
par **Giacomo Mantovan** et **Lola Guyot**

L'ambigüité destructive, ou comment des divisions internes ont empêché le parti travailliste britannique de se positionner clairement sur le *Brexit* (2016-2019)
par **Denis Rayer**

Politiques européennes de développement au Yémen. La subordination par appel à projets
par **Mélodie Breton-Grangeat**

Coulisses
Un champ à travailler. Modalités et nécessité du terrain en Corée du Nord
par **Benjamin Joinau** et **Valérie Gelézeau**

Tarifs d'abonnement 2023

Revue trimestrielle
France : Étudiants : 57 €, Particuliers : 64 €, Institutions : 89 €
International : Particuliers : 72 €, Institutions : 110 € - Frais d'expédition par avion : 24 €
Prix du numéro hors abonnement : 22 €
Disponible en librairie

Rédaction

Critique internationale
CERI
28 rue des Saints-Pères - 75007 Paris
Tél. : 01 58 71 70 77
catherine.burucoa@sciencespo.fr

Ventes et abonnements

Presses de Sciences Po
https://www.pressesdesciencespo.fr

Librairie des sciences politiques
187 boulevard Saint-Germain - 75007 Paris
librairie@sciencespo.fr

Critique internationale

Revue comparative de sciences sociales

juillet-septembre 2023 100

25 ans de politique comparée

Un numéro de la rédaction coordonné par Hélène Combes

La fabrique et les évolutions de la revue
Hélène Combes, Éric Verdeil et Daniela Gonzalez
Thomas Brisson et Nadège Ragaru
Assia Boutaleb et Nicolas Martin-Breteau

Les terrains de l'international
Marielle Debos
Nadège Ragaru
Nathalie Duclos et Valérie Robin Azevedo
Nathalie Duclos
Adam Baczko, Laurent Gayer et Élise Massicard

Matières vives
Sidy Cissokho
Nadège Ragaru
Hélène Combes
Quentin Ravelli

Des nuages à l'horizon
Françoise Daucé et Kathy Rousselet
Hélène Combes, Laura Ruiz de Elvira, Josaphat Musamba et Gilles Dorronsoro
Marième N'Diaye

SciencesPo Les Presses

Diffusion/distribution CDE/SODIS ISBN 978-2-7246-4022-9

Prochain numéro

Varia

Les mobilisations anticommunistes dans l'espace politique européen après la guerre froide
par **Laure Neumayer**

« La terre ne nous appartient pas, nous lui appartenons. » Usages militants de la théologie et recompositions identitaires en Israël-Palestine
par **Caterina Bandini**

« Faire avancer le schmilblick ». Les experts fonciers et la fabrique du cadastre au Bénin
par **Thibault Boughedada**

« Un dieu ne peut pas mourir. » Enjeux des divergences dans les récits sur la défaite des LTTE
par **Giacomo Mantovan** et **Lola Guyot**

L'ambigüité destructive, ou comment des divisions internes ont empêché le parti travailliste britannique de se positionner clairement sur le Brexit (2016-2019)
par **Denis Rayer**

Politiques européennes de développement au Yémen. La subordination par appel à projets
par **Mélodie Breton-Grangeat**

Coulisses

Un champ à travailler. Modalités et nécessité du terrain en Corée du Nord
par **Benjamin Joinau** et **Valérie Gelézeau**

Tarifs d'abonnement 2023

Revue trimestrielle
France : Étudiants : 57 €, Particuliers : 64 €, Institutions : 89 €
International : Particuliers : 72 €, Institutions : 110 € - Frais d'expédition par avion : 24 €
Prix du numéro hors abonnement : 22 €
Disponible en librairie

Rédaction

Critique internationale
CERI
28 rue des Saints-Pères - 75007 Paris
Tél. : 01 58 71 70 77
catherine.burucoa@sciencespo.fr

Ventes et abonnements

Presses de Sciences Po
https://www.pressesdesciencespo.fr

Librairie des sciences politiques
187 boulevard Saint-Germain - 75007 Paris
librairie@sciencespo.fr

REMI

Vient de paraître

Université de Poitiers

Revue Européenne des Migrations Internationales

Les intermédiaires de la migration

Coordination : Assaf Dahdah, Kevin Mary et Olivier Clochard

2023 Vol. 39 n° 4

Vol 39 – n° 4 / 2023
Université de Poitiers
ISSN : 0765-0752
ISBN : 978-23-81940-25-0

Crédit couverture : Guillaume Roux et Delphine Mercier

Contact
REMI – MSHS – Bât. A5 – 5, rue Théodore Lefebvre
TSA 21103 – 86073 Poitiers cedex 9 – France
Tél. : 05.49.45.46.56
Courriel : remi@univ-poitiers.fr
Site Internet : https://journals.openedition.org/remi/

BON D'ABONNEMENT / DE COMMANDE

NOM : ______________________________
Prénom : ______________________________
Organisme / Institution : ______________________
Complément (service, bureau, bât., etc.) : ____________
Adresse : ______________________________
Code postal : ___________________________
Ville : ______________________________
Pays : ______________________________
E-mail :______________________________
Pour faciliter la distribution à Paris (par coursier), merci d'indiquer vos codes d'immeubles :
____

O Je désire m'abonner à la revue Cultures & Conflits
(1 an - les 4 numéros de l'année civile)

- o France - 62 € / an (frais de port inclus)
- o Étranger - 68 € ou $ 83 / an (frais de port inclus)
- o Abonnement de soutien (à partir de 65 €) ____________
- o Abonnement institutionnel - 2 000 €

O Je désire commander 4 numéros aux choix (voir liste au verso)

1°______ 2°______ 3°______ 4°______

- o France 54,90 € / an (frais de port inclus)
- o Étranger 61 € ou $ 80 / an (frais de port inclus)

O Je désire commander le(s) numéro(s) suivant(s) de la revue Cultures & Conflits
(voir liste des anciens numéros et leur prix pages suivantes).

n°______ ______ (prix en €) x _____ (quantité)
n°______ ______ (prix en €) x _____ (quantité)
n°______ ______ (prix en €) x _____ (quantité)
n°______ ______ (prix en €) x _____ (quantité)
n°______ ______ (prix en €) x _____ (quantité)
n°______ ______ (prix en €) x _____ (quantité)
n°______ ______ (prix en €) x _____ (quantité)
n°______ ______ (prix en €) x _____ (quantité)
Total ____________€

Où vous êtes-vous procuré ce numéro ? ______________________

Bon à retourner à : l'Harmattan 5-7 rue de l'Ecole Polytechnique 75005 Paris
Chèque à libeller à l'ordre des éditions de l'Harmattan

C&C n°130

Les numéros de Cultures & Conflits depuis 1990

n°1	La prolongation des conflits, 1990-1991	12.20€
n°2	Menace du Sud : images et réalités, 1991	12.20€
n°3	Mafia, drogue et politique, 1991	12.20€
n°4	Les réseaux internationaux de violence,1991-1992	12.20€
n°5	Violences urbaines : le retour du politique, 1992	13.75€
n°6	Emeutes urbaines, 1992	13.75€
n°7	Les nationalismes et la construction européenne, 1992	13.75€
n°8	Les conflits après la bipolarité, 1992-1993	13.75€
n°9/10	La violence politique dans les démocraties européennes occidentales, 1993	32.00€
n°11	Interventions armées et causes humanitaires, 1993	13.75€
n°12	L'action collective : terrains d'analyse, 1993	13.75€
n°13/14	Les disparitions, 1994	21.35€
n°15/16	Etat et communautarisme, 1994	21.35€
n°17	Les processus de transition à la démocratie, 1995	13.75€
n°18	La violence politique des enfants, 1995	13.75€
n°19/20	Troubler et inquiéter : les discours du désordre international, 1995	21.35€
n°21/22	L'international sans territoire, 1996	27.45€
n°23	Circuler, enfermer, éloigner : zones d'attente et centres de rétention des démocraties occidentales, 1996	13.75€
n°24/25	Survivre. Réflexions sur l'action en situation de chaos, 1997	19.85€
n°26/27	Contrôles : frontières-identités, 1997	22.90€
n°28	Interpréter l'Europe,1997	16.00€
n°29/30	Un nouveau paradigme de la violence ?, 1998	36.60€
n°31/32	Sécurité et immigration, 1998	22.90€
n°33/34	Les anonymes de la mondialisation, 1999	21.35€
n°35	Quelle place pour le pauvre ?, 1999	16.80€
n°36	Rationalités et Relations Internationales (1),1999	13.75€
n°37	Rationalités et Relations Internationales (2), 2000	13.75€
n°38/39	Sociologie de l'Europe. Mobilisations, élites et configurations institutionnelles, 2000	22.90€
n°40	Pacifications. Réconciliations (1), 2000	16.80€
n°41	Pacifications. Réconciliations (2), 2001	12.20€
n°42	Le crime organisé en Russie. Nouvelles approches, 2001	13.75€
n°43	Construire l'ennemi intérieur, 2001	16.80€
n°44	Défense et Identités. Un contexte sécuritaire global ?, 2001	18.30€
n°45	De Tampere à Séville : bilan de la sécurité européenne (1), 2002	16.00€
n°46	De Tampere à Séville : bilan de la sécurité européenne (2), 2002	16.00€
n°47	Les risques du métier, 2002	20.00€
n°48	Approches comparées des polices en Europe, 2002	18.00€
n°49	La mise à l'écart des étrangers : la logique du visa Schengen, 2003	18.30€
n°50	La mise à l'écart des étrangers : les effets du visa Schengen, 2003	18.30€
n°51	Facettes de l'(in)sécurité, 2003	17.50€
n°52	Les entreprises para-privées de coercition. De nouveaux mercenaires ?, 2003	17.50€
n°53	Surveillance politique. Regards croisés, 2004	14.50€

n°54	Approches critiques de la Sécurité. Une perspective canadienne, 2004.	18,00€
n°55	Prison et résistances politiques. Le grondement de la bataille, 2004	20,00€
n°56	Militaires et sécurité intérieure. L'Irlande du Nord comme métaphore, 2004	23,50€
n°57	L'Europe des camps. La mise à l'écart des étrangers, 2005	25,00€
n°58	Suspicion et exception, 2005	21,00€
n°59	Dialogues franco-brésiliens sur la violence et la démocratie, 2005	20,50€
n°60	L'action humanitaire : normes et pratiques, 2005	20,50€
n°61	Antiterrorisme et société, 2006	18,00€
n°62	Arrêter et juger en Europe, 2006	18,50€
n°63	Mort volontaire combattante : sacrifices et stratégies, 2006	16,50€
n°64	Identifier et surveiller : les technologies de sécurité, 2006	18,50€
n°65	Srebrenica 1995 : analyses croisées des enquêtes et des rapports, 2007	18,00€
n°66	Construire le voisin : pratiques européennes, 2007	18,50€
n°67	Militaires et engagements extérieurs, 2007	21,50€
n°68	Circulation et archipels de l'exception, 2007	19,00€
n°69	Xénophobie de gouvernement, nationalisme d'Etat, 2008	19,00€
°70	Altermondialisme(s) oublié(s), 2008	21,00€
°71	Confinement des étrangers : entre circulation et enfermement, 2008	19,00€
°72	Frontières et logiques de passage : l'ordinaire des transgressions, 2008	16,50€
°73	Frontières, marquages et disputes, 2009	14,50€
°74	Sécurité et protection des données, 2009	21,00€
°75	Crises et organisations internationales, 2009	15,50€
°76	Fichage et listing : quelles incidences pour les individus ?, 2009	18,00€
°77	Varia, 2010	13,50€
°78	Biopolitique et gouvernement des populations. Perspectives autres, 2010	16,00€
°79/80	Langue et politique : les mobilisations ethnolinguistiques en Europe, 2010	19,50€
°81/82	Le passage par la violence en politique, 2011	24,00€
°83	Le Genre globalisé, 2011	15,50€
84	Gouverner les frontières, 2011	16,00€
85/86	L'institutionnalisation du Parlement européen, 2012	24,00€
87	Guerres et reconnaissance, 2012	20,00€
88	Migrations climatiques, 2012	20,00€
89	Militantisme et répression, 2013	16,50€
90	Où sont les murs ? Penser l'enfermement en sciences sociales, 2013	16,50€
91/92	Iconographies rebelles. Sociologie des formes graphiques de contestation, 2013	18,00€
°93	Résistance, existence, autorité, 2014	20,00€
°94/95/96	Critique de la raison criminologique, 2014	28,00€
°97	Représentations, mobilisations, 2015	17,50€
°98	Élites transnationales, 2015	21,50€
°99/100	Effets-frontières en Méditerranée : contrôles et violences, 2015	18,50€
°101	Marges urbaines et résistances citadines, 2016	22,50€
°102	Questions de méthodes : Savoir-faire des études critiques de sécurité, 2016	21,50€

n°103/104	Ethnographies politiques de la violence, 2016	23,50€
n°105/106	Politiques de la nuit, 2017	23,50€
n°107	La production officielle des différences culturelles, 2017	19,50€
n°108	Terrains économiques, 2017	19,00€
n°109	Varia, 2018	16,50€
n°110/111	Ethnographier les gangs. *Maras*, *pandillas* et *outsiders* en Amérique latine, 2018	23,50€
n°112	L'état d'urgence en permanence (1), 2018	17,00€
n°113	L'état d'urgence en permanence (2), 2019	16,50€
n°114/115	Les mondes du renseignement entre légitimation et contestation	32,00€
n°116	Sciences en danger, revues en lutte	13,50€
n°117	Le sens de L'action. Conflits de cadrages et interactions stratégiques	16,50€
n°118	Les territoires du secret : confidentialité et enquête dans les mondes pluriels de la sécurité	19,00€
n°119/120	Quelle sociologie politique pour l'enquête globale ? Autour d'Yves Dezalay	24,50€
n°121	Les morts encombrants. Du gouvernement politique des cadavres	16,00€
n°122	Sexe, droit et migrations. La traite des êtres humains saisie par les institutions	23,50€
n°123/124	Guerre et contre-terrorisme	24,50€
n°125	Les régimes miliciens. Interventions occidentales et économie de la violence dans les guerres civiles contemporaines	20,00€
n°126	L'aide au développement : une fenêtre sur le politique	19,00€
n°127/128	(Re)Négocier la citoyenneté. Islam, immigration, mobilisations pour l'égalité	18,00€
n°129	Varia	15,00€

www.ingramcontent.com/pod-product-compliance
Lightning Source LLC
LaVergne TN
LVHW021224061026
849535LV00008B/2902
* 9 7 8 2 3 3 6 4 3 6 9 7 5 *